Helmut Schmidt

Auf dem Weg zur deutschen Einheit

Bilanz und Ausblick

Rowohlt

1. Auflage September 2005
Copyright © 2005 by Rowohlt Verlag GmbH,
Reinbek bei Hamburg
Alle Rechte vorbehalten
Redaktion Thomas Karlauf
Satz aus der Berthold Garamond PostScript (Adobe InDesign CS)
von hanseatenSatz-bremen, Bremen
Druck und Bindung Clausen & Bosse, Leck
Printed in Germany
ISBN 3 498 06385 5

Inhalt

Vorwort

Als im Frühjahr der Rowohlt Verlag mit der Anregung an mich herantrat, eine Auswahl meiner Beiträge zu den Fragen der Wiedervereinigung und besonders zur Re-Integration der beiden über 40 Jahre getrennten deutschen Volkswirtschaften herauszugeben, habe ich gern zugestimmt. Denn ich bin seit Jahrzehnten leidenschaftlich an diesem Thema interessiert. Und die ökonomische Vereinigung hatte ich mir ganz anders vorgestellt, als wir sie seit 1989 erlebt haben. Ich bin mit dem Erreichten keineswegs zufrieden. Wenngleich kein Marxist, so wußte ich doch immer, der Lehrsatz, nach dem das ökonomische Sein das Bewußtsein bestimmt, enthält zwar nicht die ganze Wahrheit, aber doch eine psychologisch und politisch höchst wichtige Einsicht.

Dieser Band enthält eine Auswahl von 16 Beiträgen: zumeist Artikel, die ursprünglich in der ZEIT erschienen sind, zwei Reden in Rostock und Erfurt sowie einige Buchauszüge. Alle Beiträge stammen aus den Jahren 1989 bis 2004.

Besonders hinweisen möchte ich auf den Essay, den ich für diesen Band geschrieben und als Nachwort beigefügt habe. Er enthält eine Bewertung des bisherigen Vereinigungsprozesses aus heutiger Sicht und zieht eine Zwischenbilanz. Die meisten Fehler und Versäumnisse der letzten fünfzehn Jahre sind kaum noch zu korrigieren. Deshalb bin ich heute weniger zuversichtlich, als ich es 1989/90 gewesen bin. Aber ich will den Kopf nicht in den Sand stecken. Zum Handeln ist es noch keineswegs zu spät! Deshalb schließe ich mit drei Vorschlägen für die Zukunft.

Anders als Roman Herzog 1997 in seiner «Ruck-Rede», anders

als Gerhard Schröder 2003 in seiner «Agenda-2010-Rede» und anders als Horst Köhler in seiner «Arbeit-hat-Vorfahrt-Rede» in diesem Jahr habe ich es immer für eine entscheidend wichtige innenpolitische Aufgabe angesehen, den wirtschaftlichen Aufholprozeß des Ostens wieder in Gang zu bringen. Das ist auch heute und morgen noch möglich! Ich möchte hoffen, dieser Band könnte dazu beitragen.

Hamburg, im Vorfeld der Bundestagswahl 2005
Helmut Schmidt

Was jetzt in Deutschland geschehen muß

Dezember 1989

Seit dem Sommer dieses Jahres ändert sich die deutsche Lage in schnellem Tempo. Zum erstenmal in der deutschen Geschichte hat es eine Revolution gegeben, welche den Namen verdient. Seither und auch seit Helmut Kohls Zehn-Punkte-Programm vom 22. November hat sich die Lage schnell weiter entwickelt; durch Reaktionen in Washington, in Moskau, in Paris, in Warschau, in Malta, Kiew und Straßburg, in fast allen europäischen Hauptstädten. Vor allem in der DDR.

Die SED ist praktisch zusammengebrochen. Am 6. Mai 1990 soll gewählt werden; bis zur Bildung einer Regierung durch eine erstmalig frei gewählte Volkskammer werden noch mindestens fünf Monate vergehen. Bis dahin bleiben viele Unklarheiten über die Zukunft der deutschen Nation. Neue Ungewißheiten und Unklarheiten werden offenbar werden – auch nach dem 6. Mai. Eine schrittweise gegenseitige Annäherung der beiden deutschen Staaten durch Zusammenarbeit auf zusätzlichen Feldern und durch zusätzliche Institutionen ist wahrscheinlich. Sie ist dringend zu wünschen. Wer immer sich dagegen aussprüche, der könnte gefährlichen deutschen Nationalismus auslösen.

Was ist die notwendige Rang- und Reihenfolge? Das wichtigste ist die Herstellung einer vollen Garantie für Würde und Freiheit der Person, die Errichtung einer parlamentarischen Demokratie und eines zuverlässigen Rechtsstaates in der DDR. Schon vor dem 6. Mai sollten gewisse Paragraphen des DDR-Strafgesetzbuches gestrichen und die völlige Unabhängigkeit der Gerichte gesichert werden, damit nicht empörte Bürger zur Selbstjustiz greifen und das Land ins Chaos stürzen.

An zweiter Stelle muß für alle Deutschen die dringend gebotene Rücksichtnahme auf die Interessen der übrigen europäischen Völker, ihrer Staaten und ihrer Regierungen stehen. Wir Deutschen tragen die Last einer besonders ungünstigen geographischen Lage. Wir haben mehr Nachbarn als irgendein anderes Volk. Mit allen Nachbarn in gutem Einvernehmen zu leben ist deshalb für uns noch schwieriger als für die anderen Völker in Europa. Unter Hitler haben deutsche Soldaten vom Nordkap bis nach Nordafrika, von Madrid bis zum Kaukasus gekämpft, auf dem Boden von mehr als der Hälfte der Staaten Europas. Dabei sind grauenhafte Verbrechen geschehen. Wir dürfen uns nicht wundern, wenn heute in unseren Nachbarvölkern Besorgnisse sich zu Wort melden, nachdem es jetzt zum erstenmal seit 1945 möglich erscheint, daß die Deutschen ein gemeinsames Dach über sich errichten. Deshalb müssen wir darauf sinnen, wie wir unseren Nachbarn einen solchen Vorgang erträglich und für sie nützlich gestalten können.

Ob und wie weit der deutsch-deutsche Annäherungsprozeß geht, hängt zuallererst von den Deutschen in der DDR ab. Wahrscheinlich werden eine sich verschlechternde wirtschaftliche Lage in der DDR und das wirtschaftliche Gefälle den Wunsch mindestens nach einem gemeinsamen *wirtschaftlichen* Dach bald erstarken lassen. Wir Westdeutschen werden dazu bereit sein. Viele von uns werden das Wort «Wiedervereinigung» vermeiden; denn was bedeutet «wieder?» Wir wollen ja nichts «wieder» so wie zu Hitlers Zeiten, auch nicht wie anno Weimar, auch nicht wieder wie in der Wilhelminischen Epoche.

Wir Westdeutschen sind voller Hoffnung bereit zur Gemeinsamkeit aller Deutschen. «Es wird zusammenwachsen, was zusammengehört», so mit Recht Willy Brandt. Das deutsche Interesse können wir jedoch nicht ohne die anderen verwirklichen. Deutscher Glaube kann keine Berge versetzen. Er darf Grenzen weder verschieben noch aufheben wollen; er darf es nicht um des Friedens willen. Mindestens drei kategorische Interessen anderer müssen wir berücksichtigen:

1. das Interesse der Sowjetunion, ihren Weltmachtstatus und ihre Sicherheit in Europa strategisch zu sichern;
2. die Besorgnis vieler Menschen in beiden Teilen Europas vor einer Wiederkehr des sowjetischen Imperialismus, gleich ob Gorbatschow gestürzt werden oder ob Perestrojka langfristig zur Erstarkung der Sowjetunion führen sollte;
3. das gemeinsame Interesse fast aller anderen Europäer, vor einer späteren Wiederaufrichtung deutscher Hegemonie sicher zu sein.

Alle Interessen unter einen Hut zu bringen erscheint schwierig, aber es ist möglich. Mancherorts wird deshalb heute an Modellen oder Blaupausen für die Zukunft der Struktur Europas und der beiden Bündnisse gearbeitet. Einige der Modelle sind voreilig. Man soll nicht den zweiten Schritt vor dem ersten tun. Aber es gibt Prinzipien und Ziele, die nicht aus den Augen gelassen werden dürfen.

Das Selbstbestimmungsrecht, von den Vereinten Nationen mehrfach bekräftigt, gilt selbstverständlich auch für uns Deutsche. Die Helsinki-Schlußakte 1975 hat daran nichts geändert; der seitherige Helsinki-Prozeß und dessen von allen Beteiligten beabsichtigte Fortsetzung liegen im deutschen Interesse. Unabhängig davon gelten aber das Viermächteabkommen über Berlin sowie der Deutschland-Vertrag zwischen den drei Westmächten und der Bundesrepublik.

Die Sicherheitsinteressen aller Beteiligten verlangen nach einem Gleichgewicht der in Europa stationierten militärischen

Kräfte, die Vernunft gebietet Absenkung der gegenwärtigen Zahlen durch Abrüstungsvertrag. Das hieraus resultierende gesamteuropäische Sicherheitssystem – die «Europäische Friedensordnung» – bedarf der Mitwirkung der Vereinigten Staaten und der Bündnissysteme in West und Ost. Eine Auflösung der militärischen Bündnissysteme sollte für den Rest des 20. Jahrhunderts nicht zur Debatte gestellt werden. Für den Fall einer schrittweisen Konföderation beider deutscher Teile kann für das Territorium der DDR ein besonderer militärischer Status zweckmäßig sein, aufgrund dessen dort für einen noch zu definierenden Zeitraum sowjetische Streitkräfte präsent bleiben.

Die demokratischen Staaten im östlichen Teil Europas bedürfen erheblicher wirtschaftlicher Hilfe durch die Europäische Gemeinschaft, damit sich die jungen Demokratien stabilisieren können. Die Europäische Gemeinschaft ist ein allgemeiner wirtschaftlicher Stabilitätsanker, sie ist zugleich das politische Gravitationszentrum des Kontinents. Wir Deutschen dürfen das Ziel der Wirtschafts- und Währungsunion und das Endziel der politischen Union nicht gefährden; nur als Mitglied der Europäischen Gemeinschaft können wir hoffen, die Besorgnisse unserer Nachbarn abzubauen. Die Europäische Gemeinschaft bedarf der Vertiefung, zum Beispiel durch das europäische System der Zentralbanken und durch gemeinsame Geld- und Währungspolitik, durch gemeinsame Außenpolitik und – hoffentlich eines nicht fernen Tages – durch gemeinsame Sicherheitspolitik. Vertiefung also, nicht Verwässerung.

Die wichtigsten unmittelbaren Nachbarn unseres Volkes sind die Franzosen und die Polen, danach kommen die Holländer, die Tschechen und alle anderen. Den Polen wie den Franzosen gegenüber haben wir politisch und psychologisch besondere Anstrengungen nötig.

Im Verhältnis zu Polen heißt dies: strikte und eindeutige Anerkennung der polnischen Westgrenze – ohne juristische Spitzfindigkeiten und ohne Wenn und Aber. Die Polen sind nicht schuld an der Westverschiebung ihres ganzen Volkes durch die Macht Stalins. Aber daß es dazu kommen konnte, das war eine Folge der deutschen Angriffe auf Polen und auf die Sowjetunion. Heute müssen wir endgültig unseren polnischen Nachbarn die Sorge nehmen vor der Möglichkeit einer abermaligen Grenzverschiebung. Die Gebiete der DDR und der Bundesrepublik bieten bei weitem genug Raum für 77 Millionen in selbst erarbeitetem Wohlstand lebende Menschen und für mehr; das Argument vom angeblichen Volk ohne Raum ist schon seit Jahrzehnten als ökonomischer Unfug entlarvt. Laßt uns endlich die gebotene Schlußfolgerung ziehen! Es gibt ohnehin kein Volk und keine Regierung auf der Welt, welche deutsche Grenzansprüche gegen Polen anerkennen wird. Deren Aufrechterhaltung führt zu deutscher Selbstisolierung: ein schweres Hindernis für die internationale Anerkennung des deutsch-deutschen Annäherungsprozesses.

Für die internationale Anerkennung des Annäherungsprozesses ist kein anderes Volk wichtiger als die Franzosen. Seit einer Reihe von Jahren antwortet das französische Volk mit großer Mehrheit auf die Meinungsumfrage nach seinem besten Freund: die Deutschen. Und ebensolange und mit gleicher Mehrheit antworten wir Deutschen auf die gleiche Frage: die Franzosen. Die jahrzehntelange Arbeit Jean Monnets, Schumans, de Gaulles, Giscard d'Estaings und Mitterrands, die Arbeit Adenauers und anderer Deutscher hat gute Früchte getragen. Keine andere Nation der ganzen Welt könnte den deutsch-deutschen Wunsch nach gegenseitiger Annäherung und nach einem gemeinsamen Dach eher und besser und glaubwürdiger legitimieren als die Franzosen. Allerdings gibt es in der politischen Klasse Frankreichs Hemmungen. Sie ergeben sich aus einem wirtschaftlichen und demographischen Zahlenvergleich, aus historischen Erinnerungen und auch aus Bonner Ungeschicklichkeiten. Aber das darf so nicht bleiben, denn Paris besitzt Trumpfkarten, die wir nicht besitzen und nie erlangen können.

Dies sind der ständige Sitz im Sicherheitsrat der Vereinten Nationen; die Teilhabe am Deutschlandvertrag (mit dem Vorbehaltsrecht bezüglich Deutschlands als Ganzes) und am Viermächteabkommen über Berlin; die beträchtliche autonome nuklearstrategische Rüstung, der wir Deutschen durch den Atomwaffensperrvertrag (NPT) vertraglich entsagt haben. Vor allem aber: Frankreich hat in der Welt ein enormes, auf Geschichte und Kultur gegründetes Prestige als Nation, während auf uns Deutschen noch generationenlang die Erinnerung an Auschwitz und alle anderen Naziverbrechen lasten wird.

Wir Deutschen glauben den Franzosen, daß sie die Europäische Gemeinschaft zum Vereinigten Europa entwickeln wollen, den Engländern können wir das schwerlich glauben. Kein Engländer kann 77 Millionen Deutsche an den Westen binden, auch kein amerikanischer Präsident aus Georgia oder Kalifornien. Aber de Gaulle konnte es, so Giscard d'Estaing, so kann es Mitterrand, so kann es Frankreich insgesamt. Wir Deutschen bedürfen der Franzosen, ihres Verständnisses, ihrer Initiativen, ihres Verstandes, ihrer Führung. Es ist dringend nötig, denn es liegt im dringenden gesamtdeutschen Interesse, daß man sich in Bonn der französischen Schlüsselrolle wieder bewußt wird, daß die Bundesregierung sich bei jedem Schritt der *bonne entente* bewußt ist, daß sie keinen Schritt ohne Frankreich tut und Paris den Vortritt läßt, der den Franzosen gebührt. Mehr noch: Wenn eines Tages amerikanische und sowjetische Truppen in Europa stark vermindert werden, so sollte ein Franzose im Rahmen der Allianz die Stellung eines europäischen Oberkommandierenden einnehmen. Gewiß, auch die Franzosen müssen all dies selber wollen.

Keine Machtkonstellation dauert ewig, die Geschichte der

14

Staaten folgt ihren eigenen Gesetzen. So im 19. Jahrhundert; als 1814/15 fünf Mächte im Wiener Kongreß ein Gleichgewicht über Europa errichteten, war die Konstruktion spätestens um die Mitte des 20. Jahrhunderts hinfällig geworden. So im 20. Jahrhundert, in dem zuerst der Hitlersche und heute der Stalinsche Imperialismus zuschanden wurden. Aber auch im 21. Jahrhundert werden Franzosen und Polen unsere wichtigsten Nachbarn bleiben. Und so wie jahrhundertelang – und am Ende mit Erfolg – die Polen an ihrem Willen zur Wiederherstellung ihres Staates festgehalten haben, so werden wir Deutschen an unserer nationalen Einheit festhalten. Aber wir selber müssen wissen: Ohne unsere Nachbarn geht das nicht.

Es war die weitgehende Abwesenheit europäischer Vernunft in den Köpfen deutscher Politiker, die nach 1890 und abermals nach 1919 dramatische Folgen gehabt hat. Nach 1890 hat in Berlin niemand mehr verstanden, wie sehr die anderen europäischen Mächte Gleichgewicht für nötig hielten. Mit egozentrischer Naivität machte sich das wilhelminische Deutschland – ohne Not – allzu viele Feinde. Nach 1919 blieben sowohl Locarno gegenüber Frankreich als auch Rapallo gegenüber der Sowjetunion bloß taktische Ansätze. Ein Ost-Locarno gegenüber Polen wurde von Stresemann sogar ausdrücklich abgelehnt.

Damit sich dergleichen nicht wiederholen kann, habe ich eine Reihe von Bitten an die Deutschen hüben und drüben.

Deutsch-deutsche Alleingänge können nicht ans Ziel führen, laßt uns Rücksicht nehmen auf alle unsere Nachbarn! Auch auf die strategischen Sicherheitsinteressen der Sowjetunion.

Laßt uns die großartige Errungenschaft des Vertrages über die nuklearen Mittelstreckenwaffen, nämlich die gegenseitigen Kontrollen und Inspektionen zum Vorbild nehmen für die Wiener Verhandlungen über den Abbau konventioneller Streitkräfte.

Weder die Aufrechterhaltung der beiden Bündnissysteme noch eine fortdauernde Anwesenheit eines Teils fremder Truppen muß uns Deutsche in beiden Staaten daran hindern, im Verkehr, auf der Schiene, der Straße, in der Luft oder per Telephon unsere Netze auszubauen, zu modernisieren und miteinander zu verknüpfen. Modrows Wort von der Vertragsgemeinschaft und Kohls Wort von neuen gemeinsamen Institutionen passen ohne Schwierigkeiten ineinander; bitte fangt alsbald damit an! Die jüngste Verlautbarung über den privaten Reiseverkehr und seine Finanzierung war ein guter Auftakt. Laßt unsere Regierungen schrittweise, unter Wahrung der Verhältnismäßigkeit vorgehen und Überraschungen für Nachbarn und Partner vermeiden! Das Dach des seit 1975 andauernden Helsinki-Prozesses zu nutzen liegt in unserem beiderseitigen Interesse – und im Interesse aller unserer Nachbarn.

Wir Bundesdeutschen müssen uns zu großzügiger wirtschaftlicher Hilfe an die demokratischen Staaten im Osten entschließen, aber nicht allein durch die Bundesregierung, denn dies weckte Neid und Argwohn, sondern durch die Europäische Gemeinschaft. Laßt uns für Kooperationsverträge mit der EG eintreten. Bilateral bleibt dann noch genug zu tun, zum Beispiel die Entsendung von jungen Ärzten für Not- und Nachtdienst oder von Werkstattleitern, die an der Altersgrenze stehen. Natürlich muß derjenige mehr geben, der mehr hat; das gilt für die Mitgliedstaaten der EG ebenso wie für die Einzelpersonen.

Laßt uns Deutsche ein für jedermann fühlbares Opfer bringen: durch eine Vermögensabgabe oder eine vorübergehende Erhöhung der Einkommen-, Lohn- und Körperschaftsteuer.

Laßt die Bundestagsfraktionen unsere Schritte gemeinsam beraten und beschließen. Laßt keinen Opportunismus zu gegenüber Spießbürgern oder Extremisten, weder rechts noch links. Macht die Deutschland-Politik nicht zum Wahlkampfthema: In Ungarn oder Polen, in der ČSSR oder der DDR hat weder «der Kapitalismus» gesiegt noch die soziale Marktwirtschaft, sondern gesiegt hat der Wille zur Freiheit.

Vergeßt nicht, daß die DDR-Bürger selbst bestimmen müssen, was sie wollen.

Und vergeßt nicht: Unsere Zuverlässigkeit darf nirgendwo in Zweifel geraten. Es genügt nicht, über Gräbern und Konzentrationslagern einander zu umarmen. Entscheidend ist, wie wir in der tatsächlichen Politik miteinander umgehen.

Nach Eurem Meisterwerk der Gewaltlosigkeit erhoffen wir von Euch Deutschen in der DDR ein Meisterwerk der Umsicht, der Beharrlichkeit *und* der Geduld. Je länger es dauert, bis es zu freien Wahlen kommt, desto größer die Gefahr wirtschaftlicher und staatlicher Unordnung; je eher es aber zu Wahlen kommt, desto schwieriger die freie Organisation demokratischer Parteien, die Abhaltung von Parteitagen und die Aufstellung von Kandidaten.

Der 6. Mai als Wahltag ist ein Kompromiß. Ihr solltet sofort Telephone, Telefaxe, Zugang zu Fernsehen, zu Druckereien und Papier verlangen. Aber widersteht allen Versuchungen zum Faustrecht, gebt niemandem einen Anlaß, Gewalt einzusetzen, vertraut auf die Selbstheilungskraft Eurer Bewegung.

Eure wirtschaftliche Lage wird sich zunächst verschlechtern. Vertraut auf unsere Hilfsbereitschaft. Sagt uns, was Ihr braucht. Habt keine Angst vor dem Gespenst Kapitalismus, von dem Ihr angeblich aufgefressen werden sollt; denn nichts kann in der DDR geschehen ohne den Willen der von Euch frei gewählten Volksvertreter.

Und laßt Euch nicht von antipolnischer Hetze verleiten. Was hülfe es der Freiheit, wenn nach Beseitigung von Mauer und Stacheldraht statt dessen die Oder zu einer unüberwindlichen Grenze gemacht würde? Das Käfigdasein muß ein Ende haben. Die Hetze der Völker gegeneinander muß auch ein Ende haben.

17

Vergeßt nicht: Ohne die Revolutionen in Polen und Ungarn wäre die Revolution in der DDR gewaltlos kaum zum Erfolg gelangt – und auch nicht ohne die Duldung durch die sowjetische Führung. Gorbatschow hat ein Risiko auf sich genommen, indem er dem Völkerrecht gehorsam war; Breschnew hätte statt dessen Panzer eingesetzt. Wir alle in Europa haben ein Interesse daran, daß Gorbatschow am Ruder bleibt. Dann wird es eines Tages auch zu einem echten gemeinsamen europäischen Haus kommen.

Solidarität ist unteilbar

Liebe Rostocker! Ich grüße Sie alle, Bürgerinnen und Bürger, schönen Dank für die Rosen. Käthe Woltemath hat eben daran erinnert, daß es keine zwei Jahre her ist, daß ich in der Marienkirche zu Ihnen sprechen durfte. Ich möchte einen Satz wiederholen, den ich damals gesagt habe. Ich habe in der Marienkirche im Sommer 1988 gesagt, ich sei dankbar dafür, daß ich von Ihnen hier in Rostock als Bruder angenommen wurde, und ich habe hinzugefügt, jeder von uns, von Euch in der DDR wie von uns in der Bundesrepublik, jeder von uns darf an seiner Hoffnung festhalten auf ein gemeinsames Dach über der deutschen Nation.

Das ist anderthalb Jahre her, und jetzt sind wir ein ganz großes Stück dichter dran, als wir damals waren. Damals auf dem Kirchentag, da durften wir nur in geschlossenen Räumen miteinander reden. Und beinahe hätte die Staatsmacht auch noch die Lautsprecher am Kirchendach abmontiert, aber, liebe Freunde, auf die Dauer läßt sich das freie Wort nicht unterbinden. Wir stehen hier unter freiem und offenem Himmel als ein freies Volk. Nie wieder dürfen Mauer und Stacheldraht und Reiseverbot und Schießbefehl die Deutschen von den Deutschen trennen. Darauf habt Ihr jahrzehntelang gewartet, dafür habt Ihr jahrzehntelang gearbeitet, dafür seid Ihr auf die Straße gegangen, dafür habt Ihr die Zähne zusammengebissen. Ihr Bürgerinnen und Bürger von Rostock, Ihr dürft stolz sein auf das, was Ihr bis heute erreicht habt. Aber vieles bleibt noch zu tun!

Ich erinnere mich: Vor gut sieben Jahren, da habe ich das letzte Mal als Regierungschef in Bonn vor dem Bonner Bundestag zu reden gehabt. Ich habe in dieser letzten Rede gesagt: Der Kern unserer Deutschland-Politik ist die Erhaltung der Einheit der Nation. Niemand hat damals vorhersehen können, daß sich schon sieben Jahre später die Möglichkeit eröffnen würde, die beiden Teile der Nation wieder aufeinander zuzuführen. Wir verdanken diese Möglichkeit, wir verdanken diese Chance Eurer gewaltlosen Revolution. Wir verdanken sie auch unserem gemeinsamen Festhalten am Willen zur Einheit.

Wir verdanken die Chance auch den Polen und den Ungarn, die Euch ein wenig vorangegangen sind. Und wir verdanken sie auch unseren westlichen Verbündeten, die uns in der Bundesrepublik in den Jahrzehnten sowjetischer Bedrohung durch Stalin, durch Chruschtschow, durch Breschnew den Rücken gestärkt haben und die Euch, den Deutschen in der DDR, die Hoffnung gegeben haben. Wir verdanken diese Chance allen Völkern Europas, die vor fünfzehn Jahren gemeinsam in der großen europäischen Konferenz zu Helsinki den Weg gebahnt haben zu einem gemeinsamen europäischen Haus. Und wenn ich dieses Wort erwähne, das wir bisweilen aus dem Munde des sowjetischen Generalsekretärs Gorbatschow gehört haben, dann glaube ich, muß ich auch hinzufügen: Wir verdanken die Chance von heute auch der Tatsache, daß Gorbatschow die Urkunde von Helsinki honoriert, daß er sie befolgt, daß er ihr gehorcht. Der Vorgänger Breschnew hätte möglicherweise seine Panzer in Marsch gesetzt, so wie es 1968 im Prager Frühling schon einmal geschehen ist.

Als im November, kurz vor Weihnachten, die Mecklenburger zu Zigtausenden zu uns nach Hamburg gekommen sind, da war das bei uns genauso wie bei Euch eine unbändige Freude. Heute stehen die Türen sperrangelweit offen. Sie sollen niemals wieder zugemacht werden! Diese offenen Türen, das ist ein Sieg Eures

Willens zur Freiheit. Es ist nicht ein Sieg des sogenannten Sozialismus. Sondern es ist ein Sieg des Willens zur Freiheit für jedermann.

Vor einem halben Jahrhundert, mitten im Zweiten Weltkrieg, hat der amerikanische Präsident Roosevelt vier Freiheiten für die Welt verkündet, die für ihn als Amerikaner das Ziel des Krieges gegen Hitler waren. Die erste Freiheit, die er erstrebte, war die Freiheit der Rede. Und diese Freiheit, zu reden, wie Ihr denkt, die habt Ihr bereits erkämpft. Die zweite Freiheit, von der Roosevelt sprach, war die Freiheit, des religiösen Bekenntnisses. Und dazu muß ich mit Dankbarkeit sagen: Ohne die Freiheit der Religion, ohne die Gastfreundschaft unserer Kirche gegenüber der Freiheitsbewegung stündet Ihr heute nicht dort. Die dritte Freiheit, von der jener Amerikaner sprach, war die Freiheit von Not. Aber dies ist ein Feld, auf dem noch vieles zu tun ist. Es gibt viele Menschen in der DDR, die in Not sind oder die in Not zu kommen sich fürchten. Und damit bin ich bei der vierten Freiheit jenes amerikanischen Präsidenten. Er wollte, daß überall in Europa die Menschen frei sein können von Furcht und frei von Angst. Angst und Furcht sind schlechte Ratgeber, und deshalb ist es notwendig, daß wir uns ganz klar darüber werden, auf welchem Boden wir stehen, was unser nächster und unser übernächster Schritt sein muß und wie der Weg von hier morgen und übermorgen und nächsten Monat und im Laufe dieses Jahres weitergeführt werden muß.

Nachdem die Kommunisten und die SED-Genossen ihr Machtmonopol verloren haben, ist klar: Das dürfen sie niemals wieder in die Hände kriegen. Aber nicht nur die, überhaupt keiner, überhaupt keine Partei darf jemals wieder ein Machtmonopol in die Hände kriegen. Wir Deutschen haben das zweimal erlebt, daß eine Partei ein Monopol der Macht in den Händen hatte, und beide Male ist es uns saudreckig ergangen. Freiheit für die Menschen, das bedeutet Demokratie. Und Demokratie bedeutet, daß es Regierungsgewalt immer nur gibt von einer Wahl bis zur nächsten und keinen Tag länger. Und deswegen ist es gut, daß mit diesem Weg von einer Wahl zur anderen nun auch hier der Anfang endlich gemacht wird – am 18. März.

Ich bin hier nicht als Wahlkämpfer zum 18. März hergekommen, aber das muß ich schon sagen, ich bin hier auch als ein Sozi hergekommen. Hier ist eben von dem Vater meines Freundes Peter Schulz geredet worden. Albert Schulz war vor 1933 Gauführer des Reichsbanners Schwarz-Rot-Gold, war Landtagsabgeordneter, eine ganz kurze Zeit sogar mal Reichstagsabgeordneter. Dann haben die Nazis ihn eingebuchtet. Und nach 1945, als die Sozialdemokratische Partei wieder auflebte – das war ja leider nur eine ganz kurze Zeit –, war er hier Bürgermeister. Und dann haben die Kommunisten ihn eingesperrt und haben mit Gewalt und mit der Macht der Besatzungstruppen die Kommunistische und die Sozialdemokratische Partei vereinigt, mit Zwang. Ich möchte gerne, daß nach diesen Jahren seit 1933 – das sind 57 Jahre – die große Tradition der Sozialdemokratischen Partei wieder begründet wird und daß diese Partei lebt. Ohne diese Partei können die kleinen Leute nicht zu ihrem Recht kommen.

Demokratie heißt auch, daß jedermann frei reden kann. Das Recht zur freien Rede gilt auch für uns Westdeutsche. Ich fand das sehr lustig, als ich gelesen habe, während des Wahlkampfes dürften die Westdeutschen bei Euch nicht das Maul aufmachen. Also *Ihr* dürft bei *uns* jederzeit das Maul aufmachen. Es schlägt ja wohl dreizehn! Das Recht zur freien Rede ist nicht teilbar, das gilt für jedermann in Deutschland. Wo kommen wir denn da hin? Unter dem Herrn Honecker durfte ich jedenfalls noch in der Nikolaikirche sprechen, und jetzt soll ich überhaupt nicht mehr reden dürfen? Die Redefreiheit wie die Freiheit insgesamt ist unteilbar für alle Deutschen.

Einen anderen Satz will ich gleich hinzufügen: Ebenso unteilbar ist die Solidarität zwischen allen Deutschen. Wir Deutschen müssen uns gegenseitig helfen. Das gilt ganz besonders für uns Westdeutsche, die wir Euch helfen müssen und auch helfen wollen bei der Überwindung der wirtschaftlichen und der finanziellen Schwierigkeiten, in denen Ihr steckt und die durchaus ernst genommen werden müssen.

Ich will ein kleines Beispiel erzählen. In der Hamburger Wochenzeitung DIE ZEIT, für die ich seit sechs oder sieben Jahren arbeite, habe ich kurz vor Weihnachten einen Aufsatz geschrieben auf der Seite 1, in dem ich mich eingesetzt habe dafür, daß jedermann in der Bundesrepublik für eine Reihe von Jahren, eine begrenzte Zahl von Jahren, einen Zuschlag bezahlen soll zur Lohnsteuer, einen Zuschlag zur Einkommensteuer und zur Körperschaftsteuer, damit wir Euch in ausreichendem Maße finanziell helfen können. Wir wollen das nicht für ewig tun, eines Tages werdet Ihr das nicht mehr brauchen, hoffentlich früher als später. Mein Kollege Dr. Bucerius, der Inhaber der Zeitung, ein früherer CDU-Kollege von mir aus dem Bundestag, hat etwas Ähnliches geschrieben. Er hat sich ausgesprochen für eine Vermögensabgabe aller vermögenden Menschen in der Bundesrepublik, damit wir in die Lage kommen, finanzwirtschaftlich der DDR zu helfen. Und der Regierende Bürgermeister von Berlin, Walter Momper, hat vor ein paar Tagen sich ähnlich öffentlich geäußert. Diese Vorschläge sind ernst gemeint. Sie sind nicht populär, das hört keiner gern, wenn er mehr Steuern zahlen soll. Aber sie sind ganz ernst gemeint, und mir kommen sie wirklich aus Überzeugung.

Denn Ihr werdet für eine längere Zeit Hilfe nötig haben. Es ist ja so: Damals, als die Amerikaner uns mit dem Marshall-Plan geholfen haben und den Franzosen, den Engländern, den Italienern, da hat Stalin verboten, daß Polen und die spätere DDR und die Tschechoslowakei die Hilfe des Marshall-Plans annahmen. Wir haben sie bekommen, die Ungarn nicht und die Polen nicht und Ihr auch nicht. Und jetzt wird es Zeit, vierzig Jahre später, daß wir unsererseits unsere Kräfte zusammennehmen und den Menschen helfen in Mitteleuropa und im Osten Europas, die nun so viele Jahre lang unter der Kommandowirtschaft der Herren Kommunisten gedarbt haben.

Eine doppelte Hilfe ist notwendig. Erstens eine allgemeine Hilfe der ganzen Europäischen Gemeinschaft, der Engländer, der Franzosen, der Italiener, der Belgier, Holländer, Dänen, der Deutschen aus der Bundesrepublik, eine allgemeine wirtschaftliche Hilfe für alle die Volkswirtschaften in Mittel- und Osteuropa, die nun endlich diese Kommandowirtschaft des real vegetierenden Sozialismus losgeworden sind. Aber ebenso ist auch eine besondere Hilfe der Westdeutschen für die Ostdeutschen notwendig.

Und ich will hier in aller Klarheit sagen: Es gibt einige unter Ihnen, die mit dem Gedanken schwanger gehen, ob sie nicht vielleicht auch abhauen und in den Westen gehen sollen. Macht Euch eins klar: Wir sind bereit, Euch zu helfen, aber wir können auch in Hamburg oder in Bremen oder in Lübeck keine Wohnungen aus dem Boden stampfen. Wir haben keine mehr, und wir haben auch keine freien Arbeitsplätze. Es ist notwendig, daß Ihr hierbleibt und hier den Laden in Ordnung bringt. Und Ihr habt ein paar Trümpfe in der Hand. Zum Beispiel gibt es in der DDR eine durchaus ansehnliche Kapazität, ein ansehnliches Potential, was moderne Forschung angeht und was technische Entwicklung angeht. Wichtiger noch: Es gibt in der DDR eine ausgezeichnet ausgebildete, fleißige, zuverlässige Facharbeiterschaft. Die Facharbeiterschaft hier bei Euch in Rostock ist ganz genauso gut wie die Facharbeiterschaft bei uns in Hamburg. Nur müssen die Betriebe endlich anständig und kaufmännisch geführt und geleitet werden.

Und Ihr habt noch ein Plus, und das werdet Ihr auf den ersten Blick vielleicht gar nicht ganz richtig verstehen, das muß ich erklären. Ihr wollt doch Apfelsinen und Bananen haben. Die muß man importieren. Und wenn man Bananen importieren will, muß man seine eigenen Produkte exportieren. Also mit Mecklenburger Ananas wird das nix mit dem Export. Und Trabis könnt Ihr auch nicht exportieren, kein Mensch in Kopenhagen oder in Hamburg will einen Trabi kaufen. Sondern Ihr müßt schon Qualität produzieren. Und das könnt Ihr auch. Vielleicht wird Euch am Anfang helfen, daß einstweilen Eure Löhne niedriger sind als anderswo, niedriger als in Dänemark, niedriger als in Holland, niedriger als in der Bundesrepublik. Das heißt: Die Kosten und die Preise für Eure Produkte werden einstweilen niedriger sein als die Preise der Konkurrenz, und deswegen wird auch der Export in Gang kommen.

Nachteile habt Ihr auch, Schwierigkeiten, mit denen Ihr zu kämpfen haben werdet. Ihr habt Schulden im Ausland, Ihr habt einen schlimmen Raubbau getrieben mit der Landschaft, mit der Luft. Meine Frau und ich sind im November in Sachsen gewesen, mein Gott, was stinkt das da. Nicht daß das an den Menschen liegt, das liegt an der Braunkohle und an der Chemie. Ihr werdet in Zukunft Steinkohle kaufen müssen, die muß man aus Polen importieren, man muß Devisen dafür bezahlen. Und das Wasser muß sauber werden in den großen Flüssen. Und dann braucht Ihr Wohnungen. Und die alten Häuser müssen instandgesetzt werden, wo der Putz von den Wänden fällt, drinnen und draußen. Und dann braucht Ihr Telefone. Das ist ja zum Kotzen, man muß bis nachts um eins aufbleiben, wenn man mit Euch telefonieren will.

Und dann müssen Eure Unternehmungen lernen, wie man kaufmännisch kalkuliert. Dazu müßt Ihr auch die Freiheit haben, die eigenen Preise zu machen und die Produkte dorthin

25

zu liefern, wo sie Geld verdienen können, und nicht dahin zu liefern, wo irgendwelche Bürokraten das irgendwann mal in irgendwelchen Plänen aufgeschrieben haben. Ihr braucht erstens Marktwirtschaft, Ihr braucht zweitens gesundes Geld und drittens: Ihr braucht Mitbestimmung der Arbeitnehmer in den Betrieben.

Bei alledem muß niemand Angst haben vor dem sogenannten Kapitalismus, der Euch angeblich auffressen will. Es kann hier nix passieren in diesem Land, was nicht die neue Volkskammer, die hier am 18. März gewählt wird, beschließt. Die wird wirklich souverän sein. Nichts kann geschehen, was nicht die Mehrheit der neuen Volkskammer will. Ihr braucht keine Angst zu haben. Es braucht auch keiner Angst zu haben vor diesen künstlichen Gespenstern, die die Reste der Stasi und die Reste der SED gemeinsam an die Wand gemalt haben, von angeblich neofaschistischen Gefahren in der DDR. Damit werdet Ihr fertig.

Ihr braucht auch keine Angst zu haben vor dem Währungsthema. Ich weiß, daß es hier besonders viele Sorgen gibt auf dem Feld, auch Ängste. Manche denken, daß sie von ihren Sparguthaben nichts wieder zu sehen kriegen. Manche denken, ja, vielleicht kriegen wir ein gutes Geld, aber dann kriegen wir mehr Arbeitslose. Und alle solche Besorgnisse haben ihre Berechtigung, denn manche der bisherigen Sicherheiten waren ja bloß Schein-Sicherheiten. Aber wer hofft, daß alsbald die D-Mark West bei Euch gilt, am liebsten umgetauscht 1:1, der muß dann auch in Kauf nehmen, daß die neue Volkskammer beschließt, daß Eure Staatsbank keine Mark Ost mehr drucken darf.

Ich bin ja dankbar, daß Ihr klatscht, das muß man sich nämlich überlegen. Wenn die weiter immer die Notenpresse nudeln, immer neue D-Mark Ost drucken, und dann kommt Ihr zu uns nach Hamburg und wollt D-Mark West dafür haben, dann sind wir bald im Buddel, nicht? Dann haben wir bald 'ne Inflation.

So einfach, wie manche sich das vorstellen, ist es nicht. Man muß aufhören, hier Geld zu drucken!

Arbeitslosigkeit wird vorkommen. Es gibt viele Arbeitsverhältnisse in der DDR, die unproduktiv sind. Denkt einmal allein an die ganzen 40 000 Funktionäre der SED, die produzieren gar nichts, lauter Mist. Von denen werden in kurzer Zeit eine ganze Menge arbeitslos sein; von der Stasi sind schon eine ganze Menge arbeitslos – die werden *alle* noch arbeitslos, hoffe ich. Aber deswegen wollen wir diese Leute ja nicht hungern lassen. Ich habe eine Bitte in dem Zusammenhang. Nach dem Meisterwerk einer total gewaltlosen Revolution, die innerhalb weniger Wochen ein terroristisches Regime zum Einsturz gebracht hat, nach diesem Meisterwerk brauchen wir noch einmal ein Meisterwerk, nämlich ein Meisterwerk der Umsicht, der Vernunft, der Beharrlichkeit und der Geduld. Ich sage Geduld, weil ich aufrufen möchte dazu, daß jedermann darauf verzichtet, sich mit der eigenen Faust sein Recht zu verschaffen. Das erzeugt zwangsläufig Gewalttaten. Verzichtet auf Gewalt und vertraut auf die Selbstheilungskräfte Eurer eigenen Bewegung. Und laßt Euch nicht von Zorn zu billiger Rache verführen.

Das sage ich auch den Staatsanwälten und den Richtern in der DDR, die doch ihre Berufskarriere zumeist ihrer bereitwilligen Anpassung an die SED verdanken. Spielen Sie sich, meine Herren Juristen, gefälligst nicht auf als Hüter der DDR-Verfassung. Die tatsächliche DDR-Verfassung, die war diktatorisch, totalitär, und sie war terroristisch. Sie, meine Herren Juristen, haben das alles mitgemacht. Sie haben Tausende in die Gefängnisse gesteckt. Jetzt tun Sie gefälligst mal 'ne Zeitlang Ihren Mund halten. Und unterlassen Sie den ekelhaften Versuch, durch Hochverratsprozesse und andere Prozesse sich selbst als unbefleckt darzustellen, sich selbst reinzuwaschen. Lassen Sie die kranken alten Männer in Ruhe sterben.

In all den Staaten Mitteleuropas und Osteuropas, wo bis gestern die Kommunisten diktatorisch geherrscht haben, sehen wir gegenwärtig überall dasselbe ekelhafte Bild. Überall versuchen die nachgebliebenen Herren Kommunisten, alle Schuld abzuschieben auf die Häuptlinge, vor denen sie doch gestern noch auf dem Bauche gelegen haben. Das ist menschlich abstoßend. Der Kommunismus auf der ganzen Welt hat nie die Würde des einzelnen Menschen wirklich verstanden, und nie hat er sie anerkannt. Und deswegen muß man auch vorsichtig sein, ehe man einen von ihnen oder einen von den 40 000 hauptamtlichen SED-Funktionären in eine demokratische Partei aufnimmt. Man muß sie sich angucken. Man muß übrigens auch vorsichtig sein bei den Wendehälsen in den Blockparteien. Ich habe so meine eigene Erfahrung mit Wendehälsen, und deswegen bin ich da besonders empfindlich, das gebe ich zu.

Aber es gibt ja viel wichtigere Dinge zu tun. Wichtig ist die Befreiung der Wirtschaft. Wichtig ist die Wahl am 18. März. Wichtig ist, daß dafür die richtigen Kandidaten aufgestellt werden. Wichtig ist, daß Sie alle hingehen zur Wahl. Wichtig wird nach dem 18. März die Bildung einer Regierung. Wichtig ist die Wiederherstellung des Landes Mecklenburg, und Vorpommern gleich dazu. Und ebenso die Wiederherstellung der Mark Brandenburg und Sachsens und Thüringens und so weiter.

Wichtig ist, daß Ihr in der DDR und wir in der Bundesrepublik, daß wir zusammen mit klugen Schritten, mit sorgfältig überlegten Schritten auf die Einheit aller Deutschen zugehen, sorgfältig und überlegt deshalb, weil es wichtig ist, daß wir dabei Rücksicht nehmen auf alle unsere Nachbarn. Es gibt in ganz Europa kein Volk, das so viele Nachbarvölker hat wie wir Deutschen. Wenn einer auf einer Insel lebt, hat er Glück gehabt. Aber wir leben nicht auf einer Insel. Wir haben viele, viele Nachbarn. Die wichtigsten von ihnen sind diejenigen, denen in der Nazi-

Zeit, im Hitlerschen Krieg das größte Unrecht und Unheil und die größten Schandtaten zugefügt worden sind. Das sind die Polen, und das sind die Franzosen. Und viele unserer Nachbarn haben Sorgen davor, daß wir wieder ein Land werden mit 75 Millionen Deutschen. Das ist ein Riesenvolk. Es gibt nur ein einziges Volk in Europa, das noch größer ist, das sind die Russen. Aber 75 Millionen Deutsche und nur 38 Millionen Polen und nur 55 Millionen Engländer oder Italiener oder Franzosen – und die anderen sind noch viel weniger. Man muß nach zwei Weltkriegen verstehen, daß manche unserer Nachbarn denken: Na, diese Deutschen, die werden relativ schnell auch die Wirtschaft der DDR auf volle Touren gebracht haben, und dann sind sie wirtschaftlich viel mächtiger als wir, und eines Tages werden sie vielleicht wieder größenwahnsinnig. Das kommt Euch vielleicht erstaunlich vor, aber es ist so. Es gibt Sorgen davor, daß wir Deutschen vielleicht, wenn es uns dann allen wieder gutgeht, das Maß nicht einhalten können.

Wegen der Rücksicht auf die Nachbarn sind zwei Dinge notwendig. Erstens: Ohne Wenn und Aber und ohne Fisimatenten müssen wir die heute bestehende Grenze zwischen den Polen und uns als endgültig anerkennen. Die Polen haben sich diese Grenze nicht ausgesucht. Da sind Millionen und Millionen, mehr Polen als Deutsche, von Stalin vertrieben worden aus ihrer Heimat und dahin gedrückt worden, wo sie heute sind. Und zweitens: Alle Deutschen, Ihr genauso wie bisher schon wir, müssen eingebunden sein und bleiben und eingebunden sein wollen in die Europäische Gemeinschaft der Zwölf. Der Präsident der Kommission, der Franzose Jacques Delors, hat mehrere Male schon im Lauf der letzten Wochen öffentlich erklärt, daß die Aufnahme der DDR ein besonderer Fall ist und daß von ihm aus gesehen kein Grund besteht, warum nicht die DDR alsbald Mitglied der Europäischen Gemeinschaft werden soll.

Die Sorge, die manche unserer Nachbarn vor einem allzu starken, wirtschaftlich allzu starken und vielleicht dann eines Tages auch politisch allzu starken Deutschland haben, hat auch eine positive Seite. Da können diejenigen unter Ihnen, die ein bißchen Angst haben, wie das wirtschaftlich wird, ablesen, was unsere Nachbarn denken, was Ihr zustande bringen werdet. Aber wir müssen uns Mühe geben, die Besorgnisse unserer Nachbarn ernst zu nehmen und sie zu berücksichtigen. Nach all dem, was an Verbrechen im deutschen Namen geschehen ist in diesem schrecklichen 20. Jahrhundert, haben wir jetzt die Chance, beide Teile wieder zusammenzubringen unter ein gemeinsames Dach. Es ist jetzt notwendig, historisch bewußter zu sein und politisch klüger zu sein als jemals vorher in diesem Jahrhundert. Und deswegen haben wir Augenmaß nötig für das, was möglich ist, für das, was geht, und für das, was nicht geht: Realismus!

Wir dürfen unsere Politiker nicht drängen, daß sie die Welt über Nacht verbessern sollen, das können die gar nicht. Im Gegenteil: Wir müssen solchen Politikern mißtrauen, die über Nacht Veränderungen versprechen. Wir dürfen uns auch vom Fernsehen und von den Zeitungen nicht verführen lassen, als ob es schnell wirksame Mittel gäbe gegen jedwede Unzulänglichkeit oder Ungerechtigkeit.

Die schrittweise Reform ist das Prinzip einer demokratischen Gesellschaft. Die Schritte dürfen nicht zu groß sein; denn wenn man mal einen falschen Schritt macht und der ist zu groß, dann werden davon möglicherweise Zigtausende Menschen betroffen – und es ist schwer, ihn rückgängig zu machen. Die Schritte dürfen auch nicht zu klein sein, dann kommt man ja nicht voran mit dem Reformprozeß, und dann taucht jedes Mal ein neues Problem auf, bevor das alte gelöst ist.

Schrittweise vorangehen, das ist auch außenpolitisch notwendig im Verhältnis zu unseren Nachbarn. Hier gibt es drei Hauptinteressen, die unsere Nachbarn berücksichtigt wissen wollen. Da ist erstens das Interesse der Sowjetunion, die ihren Weltmachtstatus behalten und ihre Sicherheit in Europa strategisch gesichert sehen will. Da ist zweitens das Interesse fast aller Europäer, sicher zu sein vor einer Wiederkehr des sowjetischen Imperialismus. Man weiß ja nicht, ob dieser fabelhafte, energische, tapfere Gorbatschow, ob der sich durchsetzt zu Hause, ob er es schafft – das kann auch schiefgehen. Man weiß nicht, was später einmal die Politik der Sowjetunion sein wird, in fünf Jahren oder in zehn Jahren. Deswegen möchten die Europäer, daß es ein militärisches Gleichgewicht gibt in Europa, wie bisher, so auch in Zukunft. Deswegen werden auch die Amerikaner dabei gebraucht, aber, so hoffe ich jedenfalls, auf einer sehr viel niedrigeren Ebene der Rüstung. Das dritte gemeinsame Interesse aller Europäer ist, daß sie sich sicher fühlen können vor einem zukünftigen Wiederaufleben deutschen Vormachtstrebens. Diese drei großen Interessen der Europäer und unsere eigenen deutschen Interessen unter einen gemeinsamen Hut zu bringen ist nicht ganz einfach. Aber ich glaube, daß wir das erreichen können. So wie wir auch bisher einen Schritt nach dem anderen erreicht haben.

Zum Teil haben wir auch Rückschläge erlitten, wie bei der Raketenaufrüstung. Wir hatten schon mal die Schlußakte von Helsinki, die hatte auch Breschnew unterschrieben. Er hat sich aber nicht danach gerichtet. Honecker hatte sie auch unterschrieben, hat sich auch nicht danach gerichtet. Herr Gorbatschow ist der erste, der sich danach richtet. Es gibt also auch bisweilen Rückschläge.

Der wichtigste Fortschritt, den ich miterlebt habe, war der Aufbau der Freundschaft des französischen Volks mit dem deutschen Volk. Die Europäische Gemeinschaft, von der ich sprach, ist ja schrittweise und immer wieder auf französische Initiativen ausgebaut worden. Die Anstöße kamen immer aus Frankreich. Ich

habe dafür jahrelang und immer wieder nur Dankbarkeit emp-
funden. Wir haben ja kein Recht, Versöhnung einzufordern. Auf
der anderen Seite brauchen wir die Freundschaft der Franzosen.
Wenn die Franzosen sagen, jawohl, wir sind einverstanden mit
der deutschen Einheit, 75 Millionen Deutsche ist zwar ein bißchen viel, aber wir sind einverstanden damit, wenn die Franzosen das sagen, dann sagen es auch die anderen in Europa. Sie
sind diejenigen, die uns legitimieren können.

Ihr Deutschen in der DDR habt in den letzten Monaten der
ganzen Welt gezeigt, daß wir Deutschen gelernt haben, friedlich
zu sein, daß wir gelernt haben, ohne Gewalt und ohne Blutver-
gießen unsere Probleme zu regeln. Es hat in der ganzen Welt
draußen – und ich reise viel draußen herum – einen tiefen Eindruck gemacht. Und nichts hat mich mehr gefreut als ein privates Glückwunschtelegramm des israelischen Bürgermeisters von
Jerusalem, als das Brandenburger Tor aufgemacht wurde. Diese
Gewaltlosigkeit, die dahinterstehende friedliche Gesinnung – *und*
die dahinterstehende menschliche Vernunft, das ist Eure große
Leistung gewesen. Ihr könnt stolz sein auf das, was Ihr bis heute
erreicht habt. Ihr werdet mehr erreichen.

Auch wenn es heute abend nun schon ganz dunkel ist, verehr-
te Freunde, wenn die Nacht schon angebrochen ist, in Wahrheit
erleben wir eine Zeit der Morgendämmerung. Laßt uns gemeinsam dafür arbeiten, daß daraus ein voller heller Tag wird. Ich
wünsche Euch von Herzen Glück dazu.

Schritt um Schritt zur Einheit

März 1990

Am Abend seines großen Wahlsieges hat Lothar de Maizière auf die Frage nach den nächsten wichtigen Schritten mit dem Hinweis auf die Wirtschafts-, Währungs- und Sozialunion zwischen der DDR und der Bundesrepublik geantwortet; er hat zugleich auf die notwendige internationale Einbettung des deutsch-deutschen Einigungsprozesses hingewiesen. Beides ist richtig, beides muß Vorrang haben vor der rechtlichen und verfassungsrechtlichen Vereinigung.

Ohnehin dauert jeder der denkbaren verfassungsrechtlichen Wege zur Vereinigung wesentlich länger, als der Bundeskanzler seine Zuhörer und sich selbst glauben gemacht hat. Von der Volksabstimmung im Saarland, der bereits längere deutsch-französische Verhandlungen über das Saarstatut vorausgegangen waren, bis zum Ende der Übergangsfrist und bis zur Währungsunion haben wir damals fast vier Jahre benötigt (einzelne Sonderbestimmungen zugunsten Frankreichs liefen erst wesentlich später aus). Der Weg über Artikel 23 des Grundgesetzes hat also mehrere Jahre gedauert, obwohl die wirtschaftliche und soziale Struktur an der Saar derjenigen der Bundesrepublik sehr ähnlich war.

Mindestens ähnlich lang wird der Weg für die DDR werden, und zwar aus zwei Gründen:

Erstens: Die internationale Einbettung des deutschen Einigungsprozesses ist ungleich schwieriger als beim Beitritt der Saar; ungleich mehr Partnerstaaten haben ein Wort mitzureden, noch viel mehr Partnerstaaten *wollen* ein Wort mitreden. Und wir Deutschen haben auf alle zu hören!

Zweitens: Die Wirtschafts- und Sozialstruktur der DDR ist von derjenigen der Bundesrepublik kategorisch verschieden; sie ist darüber hinaus in ihrer heutigen Beschaffenheit bei offenen Grenzen überhaupt nicht wettbewerbsfähig und würde ohne Umbau kaum lange überleben. Viele Einrichtungen müssen völlig neu geschaffen werden – von einem normalen Steuersystem und einem Sozialversicherungssystem westlichen Typus bis zu Gewerbefreiheit und Betriebsverfassung, schließlich die Eigentumsordnung.

Beide deutschen Regierungen müssen vordringlich den Konsens mit unseren Nachbarn und mit den vier Siegermächten des Jahres 1945 suchen. Dabei geht es um mindestens vier kardinale Aspekte: die Sicherheitsinteressen nicht nur des Westens, sondern auch der Sowjetunion; die Sicherheitsinteressen Polens, besonders hinsichtlich der polnischen Westgrenze; die Zugehörigkeit des vereinigten Deutschlands zur Wirtschafts- und Währungsunion der Europäischen Gemeinschaft; schließlich die ökonomische Hilfe des Westens für Polen, Ungarn und die Tschechoslowakei (und möglicherweise auch für andere Staaten im Osten Europas einschließlich der Sowjetunion).

Eine Einigung über konventionelle Abrüstung in Europa ist 1990 zwischen Amerika und der Sowjetunion sehr wahrscheinlich; sie wird hoffentlich auch die anderen europäischen Staaten (und beide deutschen Staaten) einbeziehen. Danach werden jedenfalls rund 200 000 amerikanische und 200 000 sowjetische Soldaten auf fremdem Boden in Europa zurückbleiben, überwiegend auf deutschem Boden. Ob die Vereinbarungen des Warschauer Pakts oder ob zweiseitige Beistandsverträge der Sowjetunion bestehen bleiben, ist noch nicht zu erkennen; jedenfalls wird eine Aufhebung der Vorbehaltsrechte der Siegermächte einhergehen müssen mit einer vertraglichen Regelung der Stationierung sowjetischer Truppen.

Die Stationierung dieser amerikanischen und sowjetischen Truppen (wie vermutlich auch kleinerer französischer und englischer Kontingente) wird auch von Polen verlangt werden. Eine bloß deutsche Grenzgarantie wird nach dem Bonner Spektakel des letzten Dreivierteljahres, das Vertrauen zerstört hat, für Warschau nicht ausreichen. Der Bundeskanzler, der eine Neutralität für das vereinigte Deutschland zu Recht abgelehnt hat, dürfte inzwischen verstanden haben, daß angesichts der gegenwärtig geschwundenen sowjetischen Bedrohung Westeuropas der zweite Hauptzweck der Nato hervortritt, der bisher hinter dem ersten Hauptzweck der Abschreckung Moskaus verborgen geblieben war, nämlich die Aufsicht über Deutschland. Niemand wird diesen Zweck gerne beim Namen nennen wollen; wer aber anstelle der Nato-Mitgliedschaft die Neutralisierung Deutschlands setzen wollte, der weckt Ängste bei allen Nachbarn. Vermutlich wird auch die Sowjetunion dies noch erkennen, zumal sie keine Hoffnung auf eine spätere Anlehnung eines neutralisierten Deutschland an Moskau haben kann.

Über der Klärung der Standpunkte wird Zeit vergehen, Polen wie die ČSR werden mitreden wollen und ebenso diejenigen europäischen Nato- und EG-Mitgliedsstaaten, die nicht zu den offiziellen Siegermächten gehören. Es wird Zeit, daß der Bundeskanzler sich darauf einstellt; schon heute sind die Pflaster und Verbandspäckchen nicht mehr ausreichend, die der Bundespräsident und der Außenminister im Ausland anbieten. Vielmehr muß der Bundeskanzler selbst bei jedem seiner Schritte und jedem seiner Worte sich um Vertrauen bemühen, sich nicht nur mit Bush, sondern vor allem mit Mitterrand abstimmen und ebenso mit Mazowiecki. Vor allem denjenigen seiner Freunde sollte er Schweigen gebieten, die von «Reparationen» und von einem «Friedensvertrag» reden – ein halbes Jahrhundert nach Kriegsende! Doch auch der neue Ministerpräsident der DDR kann helfen, verlorengegangenes Vertrauen wiederzugewinnen: Warschau, Prag, Paris, Washington, nicht Bonn, sollten seine ersten Reiseziele sein – natürlich auch Moskau – und sodann Brüssel.

Wenn es um die internationale Einbettung Deutschlands geht, ist die Europäische Gemeinschaft wichtiger als die Nato. Denn Soldaten und Waffen werden in den neunziger Jahren eine geringere Rolle spielen; statt dessen wird die industrielle und die finanzielle Leistungskraft der Volkswirtschaften politisch stärker ins Gewicht fallen. Deshalb muß das vereinigte Deutschland sich ganz und gar in die Wirtschafts- und Währungsunion der EG einfügen. Deshalb muß der Ausbau des heutigen Europäischen Währungssystems zu einem unabhängigen Europäischen Zentralbanksystem mit einer einzigen Währung von uns Deutschen vorangetrieben werden – selbst dann, wenn England zunächst noch nicht mitmacht; London wird dann eben später beitreten. Entscheidend ist, daß es bei einer gemeinsamen Ecu-Währung nur eine gemeinsame Zahlungsbilanz der EG gegenüber dem Rest der Welt gibt und nicht mehr länger deutsche Leistungsbilanz-Überschüsse – und nicht eine noch mächtiger werdende D-Mark als die alle anderen überragende Währung in Europa. Niemand kommt auf die Idee, zwischen Kalifornien und Massachusetts eine Zahlungsbilanz aufzumachen, kalifornische Dominanz über den Mittleren Westen festzustellen oder sich in Florida vor kalifornischen Dollars zu fürchten. Der Binnenmarkt Amerikas kennt nur eine einzige Währung, nur ein einziges integriertes *Federal Reserve System,* nur eine einzige Geldpolitik; darin liegt die Wurzel des wirtschaftlichen Aufstiegs Amerikas im 20. Jahrhundert – und dies alles trotz erheblicher struktureller, sozialer, steuerrechtlicher, haushaltspolitischer und Einkommensunterschiede zwischen den fünfzig Bundesstaaten.

Der deutsche Einigungsprozeß darf den Prozeß des Ausbaus

und der Vertiefung der Integration in der EG nicht behindern. Im Gegenteil: Wenn wir die EG-Integration fördern und dabei zusätzlich Souveränitätsrechte an die EG abgeben, fördern wir zugleich die Zustimmung unserer EG-Partner zum deutschen Einigungsprozeß. Aber mit der Wiederholung alter Lippenbekenntnisse allein ist nichts zu gewinnen, vielmehr muß Bonn aktiv handeln und Vorschläge machen, Vorschläge endlich auch für den schnellen Aufbau – und für tatkräftige Beihilfe zur Kapitalausstattung der Re-Finanzierung – einer Europäischen Entwicklungsbank für den Osten Europas.

Für den Wahlsieg der konservativen Allianz in der DDR hat die Erwartung den Ausschlag gegeben, die man volkstümlich von Leipzig bis Rostock hören konnte: «Nur Kohl bringt die Kohle.» Tatsächlich hat Bonn sowohl eine schnelle Währungsunion mit der DDR als auch erhebliche finanzielle Hilfen an den DDR-Haushalt versprochen. Mit Recht hat Bonn für beide Versprechen eine Bedingung genannt: die rasche Herstellung aller gesetzlichen Voraussetzungen für die Entfaltung einer sozialen Marktwirtschaft. Auf diesem Felde liegen die dringlichsten Gesetzgebungsaufgaben der neuen Volkskammer und der neuen Regierung der DDR:

1. *Gewerbefreiheit* für jedermann, Entscheidungsfreiheit für die Unternehmensleitungen (VEBs und LPGs) über Produkte, Absatz, Preise und Investitionen sowie Befreiung von allen Planauflagen. (Dabei können Ausnahmen zwecks Erfüllung von vertraglichen RGW-Verpflichtungen und – bis zur Währungsunion – zwecks Erfüllung von Devisenverpflichtungen durch die Notenbank der DDR vorübergehend notwendig sein.)

2. Ersetzung des bisherigen Systems der finanziellen Abgaben (Produktionsfonds-Abgabe, Nettogewinn-Abführung) der Unternehmen an den Staatshaushalt der DDR durch ein für eine Marktwirtschaft normales *Steuersystem,* in dem Lohn-, Einkom-

men- und Körperschaftssteuern sowie eine Umsatz- oder Mehrwertsteuer die Ecksteine bilden; hierzu müssen auch Steuerbehörden und Finanzämter geschaffen werden.

3. Schaffung einer *Arbeitslosenversicherung* als erste Stufe eines umfassenden sozialen Sicherungssystems; dabei ist klar, daß vom Zeitpunkt der Währungsumstellung an nicht nur die Anlauffinanzierung aus dem Bundeshaushalt kommen muß, sondern daß Bonn auch für einige weitere Jahre wesentliche Teile der Finanzierung direkt oder indirekt zu tragen haben wird.

4. Weil die Entscheidungsfreiheit der Unternehmensleitungen und – nach der Währungsumstellung – der harte Wettbewerb um D-Mark-Erlöse zur Rationalisierung der Produktion und damit zu erheblichen Entlassungen führen müssen, ist ein *Betriebsverfassungsgesetz* aus sozialen wie demokratischen Gründen dringend erforderlich; es geht nicht ohne geheim gewählte Betriebsräte und nicht ohne Mitbestimmung in den Aufsichtsgremien der VEBs.

Wenn die neue Volkskammer durch schnelle Gesetzgebung diese Mindestvoraussetzungen schafft oder ihre Verwirklichung in nicht umkehrbarer Weise einleitet, kann die innerdeutsche Währungsunion bis zum Sommer 1990 vollzogen werden; danach werden alle Rechnungen und alle Zahlungen in D-Mark abzuwickeln sein. Es ist wünschenswert, daß die DDR-Notenbank bis zum Stichtag keineswegs ihre bisherige Geldversorgungspolitik ausweitet. Denn ohnehin müssen große Ost-Mark-Beträge der Privatpersonen, der Unternehmen und des Staates in D-Mark konvertiert werden. Die verfügbare D-Mark-Geldmenge wird dadurch schlagartig zunehmen, ohne daß ihr schlagartig zugleich schon ein wesentlich größeres Güterangebot gegenübersteht. Der davon ausgelöste einmalige Preisanstieg wird sich vermutlich in erträglichen Grenzen halten; immerhin kann er vorübergehend zu weiterem Zinsanstieg für D-Mark-Anleihen führen, er kann auch eine gewisse Schwächeperiode für den D-Mark-Wechselkurs gegenüber den anderen Währungen auslösen. Die Regierungen der am Europäischen Währungssystem beteiligten Staaten werden dies mit einem weinenden und einem lachenden Auge ansehen, die internationalen Finanzmärkte haben die Konsequenzen zum Teil schon vorweggenommen. Deutschland kann das verkraften.

Dabei sind aber noch die Fragen offen nach dem Umstellungs-(Konversions-)Kurs im allgemeinen und nach dem Konversionskurs für Sparguthaben im besonderen. Mehrere Mitglieder der Bundesregierung haben von einem Kurs eins zu eins für alle laufend wiederkehrenden Zahlungen (zum Beispiel für Löhne, Renten, Mieten) und auch für die Sparguthaben gesprochen. Es dürfte schwierig sein, von diesem Pferd wieder abzusteigen und die enormen Erwartungen zu enttäuschen, die Bonn beim DDR-Publikum geweckt hat. Es bleibt aber nötig, sich die Konsequenzen richtig vorzustellen.

Nehmen wir an, ein Industriearbeiter verdiene monatlich 1300 Mark (Ost), die Trabis, an deren Herstellung er arbeitet, kosten pro Stück 14 000 Mark (Ost). Bisher hat der VEB den Lohn (und andere Kosten) aus dem Verkauf der Trabis decken können. Zukünftig erhielte der Arbeiter monatlich 1300 D-Mark; aber der VEB dürfte völlig außerstande sein, für einen Trabant 14 000 D-Mark zu erzielen, denn der ungleich bessere VW Polo kostet nur 15 500 D-Mark und der ebenfalls bessere Suzuki Alto sogar nur 11 300 D-Mark. Wenn überhaupt noch Trabis verkauft werden sollen, so müßte deren Preis ganz erheblich gesenkt oder ihre Qualität ganz erheblich verbessert werden. In keinem Fall würde der D-Mark-Erlös noch ausreichen, um allen bisher in der Trabant-Produktion beschäftigten Arbeitern ihre bisherigen Löhne nunmehr in D-Mark auszuzahlen; beträchtliche Rationalisierungs-Entlassungen wären die Folge.

Für die gesamte Wirtschaft der DDR gilt: Je besser der Umtauschkurs von Mark (Ost) in D-Mark, um so größer und schneller die Arbeitslosigkeit. Ganz gewiß würde nach etwa zwei Jahren ein großer Teil dieser Arbeitslosigkeit durch den zu erwartenden Wirtschaftsaufschwung in der DDR wieder aufgesogen werden, aber die ersten Jahre könnten sehr hart werden.

Ein sofortiger Umtausch aller Sparguthaben im Verhältnis eins zu eins wäre unvertretbar. Es handelt sich angeblich um insgesamt etwa 150 Milliarden Mark (Ost); wenn die gleiche Summe in D-Mark ausgezahlt würde, so bekämen wir einen inflatorischen Kaufkraft-Stoß mit schweren Rückwirkungen auf unser Preis-Lohn-Gefüge und auch auf die internationalen Währungsmärkte. Deshalb war es richtig, daß alle Bonner Politiker, die sich prinzipiell für eine Umstellung der Sparguthaben im Verhältnis eins zu eins ausgesprochen haben, zugleich die Notwendigkeit des einstweiligen Einfrierens des größten Teils der Sparguthaben und ihrer erst späteren, zeitlich gestaffelten Freigabe betont haben.

Die spätere Freigabe kann nur aus zwei denkbaren Quellen gedeckt werden: entweder aus Haushaltsüberschüssen des Staates – welche auf Jahre hinaus nicht zu erwarten sind – oder aus dem Verkauf des «volkseigenen» Grund- und Industriebesitzes. Andere Werte stehen nicht zur Verfügung; denn während bei uns eine Sparkasse die Spareinlagen gewinnträchtig zum Beispiel in Hypotheken, Krediten, Wertpapieren anlegt, sind in der DDR die Spareinlagen in die Finanzierung des Staatshaushaltes geflossen. Wenn die neue Volkskammer einen «Ausverkauf» des «volkseigenen» Vermögens an Gebietsfremde ablehnt, so bleibt ihr nur der Weg, die spätere Freigabe der Sparkonten zu verknüpfen mit dem Umtausch in Anteile (oder Investmentzertifikate) am «volkseigenen» Vermögen. Diese müssen aber dann zumindest verzinst werden, wenn sie einen praktischen Wert haben sollen! Und zugleich besteht immer noch die Gefahr, daß DDR-Bürger ihre Anteile freihändig an Gebietsfremde verkaufen.

Die Frage der späteren Freigabe der einstweilen einzufrierenden großen Teile der Sparguthaben und die Eigentumsfragen können in Ruhe gelöst werden; dabei werden auch die Ansprüche von Bürgern geregelt werden müssen, die der SED-Staat enteignet hat, wie auch die Ansprüche derjenigen, die gutgläubig – zum Beispiel im Zuge der Bodenreform – Eigentum übernommen und jahrzehntelang damit gewirtschaftet und ihren Lebensunterhalt verdient haben. Darauf braucht die deutsch-deutsche Währungsunion nicht zu warten.

Sofern sie tatsächlich im Sommer 1990 vonstatten gehen soll, wie Helmut Kohl zu verstehen gegeben hat, so bedarf es dazu einerseits der oben angedeuteten sachlichen Mindestvoraussetzungen, ohne die eine Konversion verpuffen und der erhoffte wirtschaftliche und psychologische Anschub verfehlt würde, andererseits bedarf es dazu eines Vertrages zwischen Bundesrepublik und DDR. Eine bloße Absichtserklärung der Verfassungsorgane der DDR, demnächst nach Artikel 23 des Grundgesetzes der Bundesrepublik beizutreten, genügt nicht. Es gibt in Europa in Gestalt der Währungsunion zwischen den souveränen Staaten Belgien und Luxemburg ein instruktives Beispiel; die belgische Zentralbank bestimmt allein die Geld- und Währungspolitik, Luxemburg besitzt kein eigenes Zentralbanksystem. In ähnlicher Weise könnten wir Deutschen verfahren: Die Notenbank der DDR würde zur Filiale der Bundesbank – ähnlich wie die Landeszentralbank in Düsseldorf oder Kiel; die Verantwortung für die Geldmengenpolitik läge allein bei der Bundesbank, aber auch die Verantwortung für den Transfer von fälligen Zins- und Tilgungszahlungen von DDR-Schulden gegenüber dem Ausland.

Der neuen DDR-Regierung kann eine schnelle Beitrittserklärung nach Artikel 23 nicht angeraten werden; sie würde ohne komplizierte Überleitungsverträge (auch mit der EG!) und -gesetze nicht effektiv werden. Zwar könnten theoretisch Volkskammer und Bundestag übereinstimmend feststellen, von einem Stichtag an gelte nunmehr das Grundgesetz auch in der DDR. Aber damit allein würde noch kein einziges der unzähligen Gesetze auch in der DDR Geltung haben, welche bei uns das Arbeits- und Tarifrecht regeln, das Wettbewerbsrecht, das Recht über den Schutz der Umwelt, die Gesetze zur sozialen Sicherung, schließlich das Recht des öffentlichen Dienstes – und keine Direktive der EG. Vor allem fehlte jegliche Regelung des dringend benötigten Finanzausgleichs zugunsten der DDR. Sofern die ehemaligen Länder Mecklenburg, Brandenburg, Sachsen-Anhalt, Thüringen und Sachsen wiederhergestellt werden – wofür viele Argumente sprechen – und wenn dann noch ein Land Groß-Berlin hinzukommt, so stehen komplizierte Verhandlungen über den horizontalen Finanzausgleich bevor.

Die DDR und ihre Länder brauchen Haushaltsmittel des Bundes nicht nur für ihre laufende Finanzierung, sondern auch für die öffentlichen Investitionen, vor allem in das Verkehrs- und Fernsprechnetz und in den Schutz der Luft, des Bodens und des Wassers. Insgesamt sind viel größere Mittel erforderlich, als sich der Bundesfinanzminister vorzustellen scheint, der gesagt hat, der zusätzliche öffentliche Finanzbedarf des Bundes sei aus den normalen alljährlichen Steuer-Mehreinnahmen zu decken. Hier wird auf die Gutgläubigkeit der bundesdeutschen Wähler spekuliert, die keine Lust auf zusätzliche Belastungen haben. Aber Solidarität ohne eigene Opfer ist keine – auch das wissen die Bürger. Sofern das Bonner Geschwätz über Reparationen uns Friedensvertragsverhandlungen mit mehreren Dutzend ehemaligen Feindstaaten bescheren sollte und astronomische Forderungen auf den Tisch kommen, so kann Theo Waigels Verweis auf die bundesdeutsche Kapitalbildung und damit auf den Anleihemarkt sich vollends als illusionistisch erweisen – selbst dann, wenn der größte Teil solcher Ansprüche abgewehrt werden könnte.

Aus alledem folgt: Die DDR-Regierung sollte genausowenig die Katze im Sack kaufen, wie das Saarland dies getan hat. Sie muß umfangreiche Verhandlungen führen, zu denen sie gegenwärtig noch keine ausreichende Zahl von Fachleuten hat.

Aber Zeit braucht vor allem die Verständigung mit unseren Nachbarn und Partnern! Der Bundeskanzler sollte der irischen EG-Präsidentschaft wie auch dem Präsidenten der EG-Kommission laufende Informationen und Konsultationen anbieten; Sondersitzungen des Europäischen Rates sind angezeigt. Ebenso ist die stetige und enge Konsultation mit Mitterrand dringend geboten. Niemand würde es Helmut Kohl verzeihen, wenn angesichts der Genugtuung über die deutsch-deutsche Einheit unsere *bonne entente* mit Frankreich verlorenginge. Ein breiter Konsens nur unter den Deutschen allein könnte für unser gutnachbarschaftliches Verhältnis zu allen anderen Völkern Europas zerstörerisch werden, sofern wir uns weiterhin der nationalen Euphorie hingäben.

Gewiß ist es wünschenswert, die neue DDR-Regierung auf eine breite parlamentarische Basis zu stellen. Denn sie wird verfassungspolitische Entscheidungen von großem Gewicht zu treffen haben, auch im Inneren der DDR: Was zum Beispiel geschieht mit 100 000 oder mehr hauptamtlichen Stasi-Leuten, wie kommt die bisher SED-gesteuerte Justiz in eine rechtsstaatliche Ordnung, wird es ein unabhängiges oberstes Gericht geben?

Ebenso wünschenswert ist aber, daß auch in Bonn endlich das taktische Hickhack zwischen den Parteien beendet und durch konstruktive Zusammenarbeit ersetzt wird. Mehr als drei Dutzend Grundgesetz-Änderungen haben, wegen des Erfordernisses von Zweidrittelmehrheiten in Bundestag und Bundesrat, immer wieder enge verfassungspolitische Zusammenarbeit nötig und erfolgreich gemacht. Bei der Vereinigung der beiden deutschen

Staaten handelt es sich um die wichtigste verfassungspolitische Entscheidung der letzten vierzig Jahre, um so wichtiger die Herstellung einer breiten politischen Grundlage.

Die Chance der Einheit ist weder das alleinige Verdienst noch das alleinige Feld der bundesdeutschen CDU oder ihres heutigen Parteivorsitzenden; sie darf ebensowenig zur Spielwiese für sozialdemokratische Steckenpferde mißbraucht werden. Ein von den Spitzenleuten der Bundestagsfraktionen besetzter Bundestagsausschuß ist vonnöten; die Einbeziehung des Bundesrates ist geboten. Und die gemeinsamen Kommissionen mit der DDR, die der Bundeskanzler schon am 28. November 1989 angekündigt hat, müssen endlich in Gang kommen.

Damals sprach Kohl von «konföderativen Strukturen» mit dem «Ziel einer Föderation»; schon bald nach freien Wahlen sollten zwischen DDR und BRD ein gemeinsames parlamentarisches Gremium, ein gemeinsamer Regierungsausschuß und gemeinsame Fachausschüsse gebildet werden. Jetzt ist die Zeit dafür gekommen. Die Deutschen in der DDR brauchen die Gewißheit, nicht durch ein Bonner Diktat überfahren zu werden, sondern ihre eigenen Interessen wirksam vertreten zu können. Wenn es denn nach Artikel 23 gehen sollte – entgegen Kohls Äußerungen im November und abermals bei seiner Rückkehr aus Moskau –, so ist doch keineswegs auszuschließen, daß die DDR-Regierung bei dieser Gelegenheit und *vor* dem Beitritt eine Grundgesetz-Ergänzung aushandelt, welche den in vierzig Jahren verfestigten Besonderheiten und Erfahrungen ihrer Bürger Rechnung trägt.

Die Menschen in der DDR stehen vor einigen wenigen turbulenten Jahren. Aber danach wird es steil nach oben gehen, so hoffe ich mit Zuversicht. Wirtschaftliche Wachstumsraten von sieben Prozent und mehr in der DDR erscheinen als möglich. Die Sorge vor unternehmerischer Überfremdung wird schnell verblassen; auch in der Bundesrepublik ist durch die riesigen ausländischen Konzerne – Philips, Shell, Esso, Ford, Opel, IBM, Nestlé – kein Haifisch-Kapitalismus ausgebrochen, im Gegenteil: Die Facharbeiterschaft der DDR, ihr Können und ihr Fleiß, die Fähigkeit der Ingenieure und Konstrukteure, der Wille zur selbständigen wirtschaftlichen Existenz in Zehntausenden von Handwerksmeistern – all das sind Trumpfkarten im Wettbewerb.

Mein Freund Kurt Körber hat das Wort von der DDR als dem Pionierland der neunziger Jahre geprägt – es hat viel Wahrscheinlichkeit für sich. Wir Deutschen werden einen Aufschwung kultureller Kreativität erleben, der Rostock, Greifswald, Jena, Dresden, Leipzig, Weimar und vor allem Berlin wieder ins volle Rampenlicht der europäischen Öffentlichkeit stellen wird.

Das große Glück der Freiheit

In der Kontroverse um die DDR-Schriftstellerin Christa Wolf hat Günter Kunert, der vor Jahren schon in den Westen gekommen war, über die in der DDR gebliebenen Autoren gesagt: «Sie waren so wenig Opfer, wie sie Täter gewesen sind. Sie waren dem System ausgeliefert, dessen sie sich oftmals in Schweijkscher Weise zu erwehren suchten.»

Mir hat dieses Wort eingeleuchtet; denn vielen von uns, den heute Älteren, ist es während der Nazi-Diktatur sehr ähnlich gegangen. Nur wenigen, die damals unter der Diktatur leben (und als Soldaten dienen) mußten, ist während der zwölf Hitler-Jahre das Glück widerfahren, Zugang und Vertrauen zu älteren Menschen zu finden, die nicht nur wußten, daß die Diktatur ein großes Übel war (das wußte man ja auch selbst), sondern die darüber hinaus auch wußten, was moralisch, verfassungsrechtlich, politisch und ökonomisch an die Stelle der Diktatur treten sollte. Weil Adenauer, Schumacher, Dehler, Erhard oder Böckler ihre positiven Grundüberzeugungen, aber auch ihre praktischen Erfahrungen mit Demokratie, mit Marktwirtschaft und mit sozialer Ordnung 1945 nicht erst suchen mußten, deshalb konnte unter der Führung jener Generation der demokratische, wirtschaftliche und soziale Aufbau in der Bundesrepublik in so kurzer Zeit ein großer Erfolg werden.

In der DDR ist das heute ganz anders. Dort ist – praktisch ohne Atempause für die Menschen – die SED-Diktatur unter Ulbricht an die Stelle der Hitler-Diktatur getreten. Heute gibt es in der DDR nur noch wenige, die schon vor 1933 volljährig gewesen sind. Und noch weniger, die aus der Zeit vor 1933 positive politische, kommunalpolitische, wirtschaftspolitische, unternehmerische oder betriebsrätliche und gewerkschaftliche Erfahrungen mitbringen.

Statt dessen muß in Rostock oder Dresden oder Ost-Berlin der Neuaufbau weithin von Menschen geleitet und geleistet werden, die zwar innerlich sich nicht vom Kommunismus haben erdrücken lassen, die sich aber ihre positiven Zielvorstellungen bestenfalls anhand einiger weniger West-Kontakte oder auch nur aus dem West-Fernsehen zurechtzimmern mußten und deren praktische Erfahrungen mit demokratischer Politik, mit Verwaltung oder Unternehmensleitung fast gleich Null sind. Sie befinden sich heute im ersten Lehrjahr. Aber für eine *volle* Lehrzeit ist kein Spielraum; denn seit der Volkskammerwahl und seit der Einführung der D-Mark müssen sie handeln. Wer sie – sei es in Bonn oder in München – ob der Fehler schilt, die sie dabei machen, der hat weder Herz noch Verstand.

Natürlich war es ein Fehler von Lothar de Maizière und Walter Romberg, den öffentlichen Finanzbedarf der DDR so gröblich zu unterschätzen. Aber wollen der Bundesfinanzminister und der Bundeskanzler sie deswegen schelten, die heute einen «Kassensturz» in der DDR verlangen? Sie hatten doch in Bonn in Wahrheit weit bessere Urteilsgrundlagen hinsichtlich der wahrscheinlichen ökonomischen Entwicklung der DDR als ihre Kollegen in Ost-Berlin. Natürlich war es ein Fehler des Bundeskanzlers, den finanzwirtschaftlichen Zuschußbedarf der DDR ausschließlich über Anleihen auf dem westdeutschen Kapitalmarkt decken und auf (vorübergehende) Steuererhöhungen oder auf eine (einmalige) Vermögensabgabe verzichten zu wollen – aber rechtfertigt dieser Tatbestand Vorwürfe des sozialdemokratischen Kanzlerkandidaten?

Keiner von beiden hat sich dazu durchringen können, den Bürgern der Bundesrepublik klar zu sagen und aus dem sittlichen Grundwert der Solidarität moralisch zu begründen, daß wir für einige Zeit erhebliche Opfer zu bringen haben, um unseren früher so oft apostrophierten Brüdern und Schwestern einen Anfang ohne Furcht zu ermöglichen. Gewiß wird dieser Fehler bald korrigiert werden. Aber der – mit Recht gescheiterte – Versuch, durch Vorziehen der Bundestagswahl die Korrektur des Fehlers hinter die Wahl zu verlegen, hat die Sache nicht besser gemacht.

Unser Volk ist auf beiden Seiten enttäuscht von der Taktiererei um Wahlrecht, Wahltermine, Beitrittstermine und finanzwirtschaftliche Schuldzuweisungen. Aber ist diese Enttäuschung über die allzu menschlichen Anfälligkeiten der politischen Parteien ein ausreichender Grund für eine allgemeine Enttäuschung über den Gang der Vereinigung in Freiheit? Niemals! Wer nach Moskau schaut, nach Warschau, Prag oder Budapest, der muß erkennen, daß dort weit größere Probleme gelöst werden müssen, und zwar ohne die ideelle und materielle Hilfe von Brüdern und Schwestern des gleichen Volkes, die in westlichem Wohlstand leben.

Und der westliche Teil unseres Volkes ist tatsächlich zur Solidarität bereit. Allerdings müssen wir zur Brüderlichkeit ermahnt und aufgerufen werden. Hier liegt eine gemeinsame Aufgabe für Kohl und Lafontaine und Lambsdorff. Bitte weniger schlaue Winkelzüge, weniger Interviews über alles und jedes – statt dessen aber ein großer Appell an unsere Hilfsbereitschaft!

Natürlich muß der Appell verbunden sein mit einem praktischen und konkreten ökonomischen Handlungskonzept. Das Wichtigste ist eine schnelle gesetzliche Regelung der verworrenen Eigentumsverhältnisse in der DDR, vor allem für Grund und Boden; solange sie noch fehlt, bleiben die Investitionsaufrufe ziemlich sinnlos. Dazu gehört ein schneller Anlauf der Privatisierung durch die Treuhandanstalt, wobei in vielen Fällen auch Verpachtung von Betriebsstätten an private Firmen vorerst eine gute Lösung sein kann.

Die Unternehmensleitungen bedürfen normaler Aufsichtsräte über sich und normaler Betriebsräte neben sich. Die Errichtung von einigen hundert Filialen der westdeutschen Großbanken auf dem Gebiet der DDR ist eine gute Sache; die großen Einzelhandelsketten müssen alsbald folgen, vor allem auch die Baumarkt-Ketten. Wolfgang Roths Vorschlag für private Kreditprogramme zur Haus- und Wohnungssanierung ist gut; hier – wie auch im Einzelhandel – kann das meiste mit angelernten Kräften und durch Selbsthilfe geleistet werden. Natürlich brauchen wir außerdem große öffentliche Infrastruktur-Investitionsprogramme im Verkehrswesen durch Bahn und Post, im Straßenbau und im Umweltschutz. Und sehr schnell muß das heutige Abgabesystem der DDR durch unser bundesrepublikanisches Steuersystem ersetzt werden; dies entlastet die Betriebe.

Unsere Bundes-, Länder- und Kommunalverwaltungen aber, unsere Sozialversicherungsträger, vor allem unsere privaten Unternehmungen müssen dringend gebeten werden, Fachleute als Berater oder auch als Geschäftsführer nach drüben abzuordnen – und zwar nur auf begrenzte Zeit, denn die DDR-Bürger werden allein dann schnell aus Erfahrungen lernen, wenn sie die Erfahrungen selbst machen. Und nicht zu vergessen: Alle Betriebe, Hotels, Verlage, Druckereien und Zeitungen der kommunistischen Partei (die sich heute PDS nennt) und der alten Blockparteien gehören alsbald enteignet, soweit sie nicht auf jenem kleinen Teil des Parteivermögens beruhen, das aus Mitgliederbeiträgen erspart worden ist.

Es mag noch längere Monate des ökonomischen Durcheinanders in der DDR geben – aber seien wir getrost: Schon binnen zwölf Monaten wird sich der Aufstieg ankündigen. Die Arbeitslosigkeit mag noch gewaltig ansteigen – aber spätestens im Laufe des Jahres 1992 wird der Aufschwung beginnen, die Arbeitslosigkeit schrittweise aufzusaugen. Zwar möchten die Bürger der DDR so bald wie möglich den westdeutschen Lebensstandard erreichen, aber nur der Leistungswettbewerb – nicht jedoch Gleichmacherei – kann ihnen dazu verhelfen. Gewiß wäre auch eine schrittweise Einführung von D-Mark und Wettbewerb denkbar gewesen; sie hätte vielleicht das gegenwärtige wirtschaftliche Chaos in der DDR und die heute zu erwartende sehr hohe Anfangsarbeitslosigkeit vermieden. Aber es ist nutzlos, darüber nachträglich zu philosophieren – und in jedem Falle hätte eine auf mehrere Phasen verteilte ökonomische und soziale Angleichung der DDR das Erreichen westlicher Standards von Produktivität, Beschäftigung und Lebenshaltung erheblich verzögert.

Es gibt heute Enttäuschungen – hüben und drüben. Aber vergessen wir nicht: Dies ist am Ende des grauenvollen 20. Jahrhunderts eine unverhoffte, einmalige Chance für Freiheit und Einheit – und außerdem noch für hohen Lebensstandard für alle Deutschen. Ernst Reuter und Herbert Wehner, Jakob Kaiser und Ernst Lemmer und Millionen und Abermillionen Deutscher mit ihnen haben sich danach gesehnt. Wir sollten uns die Chance nicht verdunkeln oder verderben lassen.

Wir verdanken diese Chance unserer eigenen Prinzipientreue über vier Jahrzehnte und der Solidarität unserer westlichen Verbündeten; wir verdanken sie auch der heutigen Schwäche der Sowjetunion und dem Weitblick Gorbatschows. Die SPD hat nach dem Nato-Beitritt der Bundesrepublik vier Jahre gebraucht, bis es zu einer gemeinsamen Verteidigungspolitik kam. Die CDU/CSU hat noch mehr Jahre gebraucht, bis sie die Tragfähigkeit der Ostpolitik und der KSZE-Schlußakte von Helsinki erkannte und akzeptierte.

Gewiß wäre es besser gewesen, wenn der Bundeskanzler die SPD, die Länder und die Bundesbank alsbald am Vereinigungsprozeß beteiligt hätte. Allerdings hatte er keine Pläne für die Vereinigung in der Schublade, auch seine Vorgänger hatten ihm keine hinterlassen. Aber nun wird es hohe Zeit, daß sich die Parteien – wie einst in der Abwehr der terroristischen Bedrohung – zusammenfinden, um den Deutschen in der DDR zum Erfolg und damit zum vollen Selbstbewußtsein zu verhelfen.

Deutschlands große Chance

Oktober 1990

Der Wille zur Freiheit in dem von der kommunistischen Diktatur drangsalierten Teil unseres Volkes wurde für die ganze Welt am 17. Juni 1953 zum ersten Male sichtbar. Erst am 9. November 1989, als das DDR-Regime das Brandenburger Tor öffnen mußte, hat dieser Wille endlich gesiegt. Nur ein einziges Mal im Leben hat mich ein anderes Erlebnis mit gleicher, unbeschreiblicher Freude erfüllt: nach Kriegsende das Wiedersehen mit meiner Frau. Für fast alle Deutschen war der Fall von Mauer, Stacheldraht und Todesstreifen Grund zu großer Freude und tiefer Dankbarkeit; die Feier am 3. Oktober bleibt deshalb eigentlich nur noch ein offizieller Nachhall.

Trotzdem ist der 3. Oktober ein wichtiges Datum für die Zukunft. Denn die Vereinigung beider Teile Deutschlands auf dem Fundament unseres Grundgesetzes und die Bedingungen der beiden völkerrechtlichen Verträge als Voraussetzung zukünftiger deutscher Souveränität verändern die Aspekte unserer Außen- und Sicherheitspolitik wie auch unserer inneren und äußeren ökonomischen Politik. Der Zwei-plus-Vier-Vertrag und der Moskauer Vertrag mit der Sowjetunion eröffnen zusammen neue Möglichkeiten – aber auch neue Gefahren.

Marion Gräfin Dönhoff, Theo Sommer, eine Reihe von Redakteuren der ZEIT und ich haben im Laufe dieses Monats in vier Städten mit einigen tausend DDR-Bürgern diskutiert und dabei einige hundert Fragen beantwortet (soweit wir das konnten).

Unsicherheit, ja Angst wegen der andauernden Verfügungsmacht von Stasi-Leuten und SED-Karrieristen an der Spitze von

Betrieben, Genossenschaften oder Ämtern spielte dabei eine große Rolle. Die wirtschaftliche Unsicherheit war jedoch noch größer. Begründete Sorge herrschte wegen des abnehmenden Verkaufs der eigenen Produkte, wegen möglicher und zum Teil wahrscheinlicher Firmenschließungen, sehr begründete Angst um den Arbeitsplatz.

Die Eigentumsfrage ist in der Praxis fast überall völlig undurchsichtig. Oberbürgermeister können nicht wissen, über welchen Grund und Boden ihre Stadt verfügen darf. Die Außenstellen der Treuhandanstalt genießen nur geringe Autorität, zum Teil mit Recht. Kämmerer zweifeln, ob oder wieweit sie in den nächsten drei Monaten Löhne und Gehälter auszahlen können. Es gibt – auch in den Betrieben – eine weitverbreitete Liquiditätskrise; die vom Bundesfinanzministerium nach drüben gepumpten Gelder fließen zum großen Teil durch den Kauf westdeutscher Waren alsbald wieder in den Westen zurück. Im Westen steigt die Beschäftigung, im Osten steht eine Millionen-Arbeitslosigkeit unmittelbar bevor.

Es wird für einige Zeit teilweise chaotische Verhältnisse geben – wie könnte es auch anders sein! Wahrscheinlich wird aber spätestens im Laufe des Jahres 1992 der Aufschwung erkennbar werden. Jedoch am Ende der neunziger Jahre – so haben wir überall unsere feste Überzeugung ausgedrückt – werden die Deutschen in der bisherigen DDR unser westliches Produktivitätsniveau und unseren westlichen realen Lebensstandard erreicht haben (freilich wird dabei die Wohnungsqualität noch längere Jahre hinterherhinken).

Die ökonomische und sozialpolitische Integration der sechzehn Millionen Deutschen in der bisherigen DDR macht mir also längerfristig keine Sorgen, kurzfristig jedoch wirft sie große Probleme auf. Ebenso werden auch die zu errichtenden fünf neuen Bundesländer zunächst ganz erhebliche Schwierigkeiten haben, fachlich geeignetes und politisch unbelastetes Personal für ihre Ministerien und Verwaltungen zu finden. Möglicherweise wird aber die psychische Integration der aus der Unfreiheit kommenden Deutschen in eine freie Gesellschaftsordnung die zählebigsten Probleme aufwerfen. Denn die Freiheit zugleich zum eigenen, persönlichen Wohl und zum öffentlichen Wohl zu nutzen, zumal in einer Gesellschaft, in der die Freiheit zwangsläufig immer auch Ellbogenfreiheit ist – das muß erst noch erfahren, erlernt und richtig bewertet werden.

Inzwischen besteht die Gefahr psychologischer Rückschläge und politischer Enttäuschungen. Die forschen Reden vieler Politiker, zumal aus dem süd- und südwestdeutschen Raum, sind dabei vielfach keine Hilfe, eher im Gegenteil; ihre Glaubwürdigkeit ist kaum größer als diejenige des intelligenten Wendehalses Gysi. Es wird hohe Zeit für Bonn, die notwendigen großen Infrastruktur-Programme für Telephon, Straßenbau, Eisenbahn, Abwässerklärung, vor allem für Wohnungsinstandsetzung und Wohnungsneubau endlich in Gang zu bringen (und dabei nicht zu erlauben, daß sie von westdeutschen Baukolonnen ausgeführt werden). Es wird hohe Zeit für die westdeutschen Länder und deren Universitäten, den Universitäten und Schulen des Ostens auch personell beim Aufbau demokratisch gesinnter Lehrkörper zu helfen. Solidarität tut not.

Wer dabei – selbst nach den nicht zu kritisierenden zweistelligen Milliardenverpflichtungen gegenüber der Sowjetunion und wegen der Golfkrise – immer noch glaubt oder glauben machen will, alle finanzielle Hilfe für die DDR ließe sich allein über Staatsanleihen finanzieren, der ist entweder in bestürzender Weise naiv, oder er ist ein Täuscher von sträflichem Ausmaß. Auf welche Höhe sollen denn eigentlich die langfristigen Zinsen noch steigen? Schon wachsen in Europa die Zweifel, ob wir denn außerdem bereit sein werden, tatkräftig an der Finanzhilfe für Polen, Ungarn und die ČSFR mitzuwirken, ob wir nicht möglicherweise unsere Entwicklungshilfe einschränken oder versuchen werden, unsere Nettozahler-Position in der Europäischen Gemeinschaft abzubauen.

Im absurden Gegensatz zu diesen Besorgnissen nehmen viele journalistische, politische und unternehmerische Wortführer unter unseren Nachbarn im östlichen Teil Mitteleuropas, unter unseren EG-Partnern, in den Vereinigten Staaten, auch in der Sowjetunion, selbst in Japan, in ihren Vorstellungen von Deutschland jene wirtschaftliche und finanzielle Leistungsfähigkeit, die wir erst Ende des Jahrzehnts erreichen werden, schon heute als gegebene Tatsache. Wer sich sorgfältig im Ausland umhört, der stößt auf Besorgnisse und sogar auf Angst vor einem fast achtzig Millionen Menschen umfassenden Deutschland, vor unserer demnächst überragenden Wirtschaftskraft, vor der sodann alle anderen europäischen Währungen überragenden Stärke der D-Mark, vor der dirigierenden Macht der Bundesbank und der deutschen Geschäftsbanken. Und er stößt auf Angst vor der Möglichkeit, die enorme ökonomische Potenz Deutschlands könnte uns zu neuer außenpolitischer Arroganz verleiten, zum Versuch, die Europäische Gemeinschaft und deren Politiker nach unserem Willen entscheidend zu beeinflussen.

Schlimmer noch: Der Moskauer Vertrag hat die ohnehin nicht geringe Befürchtung gefördert, wir Deutschen könnten zukünftig versuchen, zugleich auf zwei Hochzeiten aufzuspielen – im Westen wie im Osten – und dabei zwischen West und Ost auch noch zu pendeln und unser großes Gewicht abwechselnd in die eine und in die andere Waagschale zu legen.

Gewiß sind solche Sorgen übertrieben. Aber wir müssen sie als psychische Tatsachen und deshalb als politische Tatsachen in Rechnung stellen. Sie spielen eine große Rolle in Paris und Warschau, aber ähnlich auch in Den Haag, London, Rom, Kopenhagen oder in Prag. Zum Beispiel kann eine schnelle Verlegung der Funktionen von Bundesregierung und Bundestag nach Berlin im Sinne dieser Besorgnisse als Signal für eine zukünftige Diskontinuität der deutschen Außen- und Europapolitik aufgefaßt werden – und dieses Signal könnte sich in eine *self-fulfilling prophecy* verwandeln.

Der Vertrag mit der Sowjetunion war unausweichlich notwendig, ohne ihn hätte es keinen Zwei-plus-Vier-Vertrag gegeben, keine Vereinigung Deutschlands, keinen sowjetischen Truppenabzug. Der Bundesaußenminister ist für all dies zu loben. Aber keiner darf jetzt glauben, vom 3. Oktober oder vom 2. Dezember 1990 an hätten wir Deutschen freie Bahn. Im Gegenteil: Nicht nur unsere ökonomischen, sondern vor allem unsere außen- und europapolitischen Aufgaben sind zukünftig schwieriger, als sie es jemals seit Jahrzehnten gewesen sind.

Denn es war noch vergleichsweise einfach für die mittlere, nur teilsouveräne Macht Bundesrepublik, Interessenkonflikte mit einer Supermacht durchzustehen. Man brauchte Festigkeit; man hatte die Würde des eigenen Landes wie die des Kontrahenten zu wahren; man mußte erfühlen, ob und wann und auf welche Weise ein Kompromiß zu ermöglichen war; und wenn er nicht möglich war, so mußte man einstweilen auf eine Lösung verzichten.

Ein Beispiel dafür war der Konflikt mit der Supermacht Sowjetunion, als sie Mitte der siebziger Jahre damit begann, eine riesige Flotte neuer Mittelstreckenraketen SS 20 gegen unsere Städte aufzubauen, jede einzelne mit drei nuklearen Sprengköpfen. Meine Gespräche mit Breschnew führten zu keiner Änderung; auch der Doppelbeschluß des Westens über offizielle Verhandlungen, verbunden mit der Ankündigung, notfalls vier Jahre später vergleichbare Waffen in Westeuropa zu stationieren, die auf sowjetische Ziele gerichtet sein würden, blieb noch ohne Ergebnis. Erst als der Westen die Ankündigung tatsächlich ausführte, kam es in den achtziger Jahren zu dem optimalen Kompromiß, den wir seit Beginn angestrebt hatten, nämlich zur beiderseitigen totalen Abrüstung der Mittelstreckenwaffen.

Ein anderes Beispiel war der Konflikt über die von der uns befreundeten und verbündeten Supermacht USA beabsichtigte Stationierung von Neutronenwaffen in unserem Land. Wir wollten diese Waffen nicht; aber erst als ich die Hoffnung auf eine Lösung schon aufgegeben hatte, lenkte Jimmy Carter ein.

Interessenkonflikte mit einer *mittleren* Macht in Europa – oder gar mit einem deutlich schwächeren Staat – stellen den deutschen Regierungschef vor ungleich delikatere, wesentlich schwierigere Aufgaben als Auseinandersetzungen mit Supermächten. Ein ganzes Bündel von erlebten Beispielen bieten die deutsch-polnischen Verhandlungen über Ausreiseerlaubnisse für Deutsche, über polnische Finanzforderungen, über kulturellen Austausch, über die Form der Anerkennung der Oder-Neiße-Grenze. Alle deutsch-polnischen Probleme waren (und bleiben noch sehr lange) überlagert durch die Erinnerung an Auschwitz und an die ganze tragische Geschichte der Beziehungen zwischen beiden Nationen seit mehr als zweihundert Jahren. Sie waren (und sind noch heute) außerdem überschattet durch ein polnisches Bewußtsein von überlegener Moralität, durch einen deutschen sozial-ökonomischen Superioritäts-Komplex und durch gegenseitiges Mißtrauen.

Die Lösung von Interessenkonflikten mit einem gleichrangigen Partner verlangt noch viel mehr Takt und Einfühlungsvermögen als der Umgang mit einer Supermacht. Der Umgang mit einem kleineren Partner bedarf außerdem deutscher Großzügigkeit.

Die polnische Nation und die französische Nation, diese beiden bleiben auch im 21. Jahrhundert unsere allerwichtigsten Nachbarn. Das Verhältnis Bonns zur Führung in Paris, unser Ver-

hältnis zur französischen politischen Klasse, zur veröffentlichten Meinung Frankreichs, ist leider nicht mehr so eng und so ko-
operativ wie Anfang der sechziger Jahre zur Zeit Adenauers und
de Gaulles oder zur Zeit meiner gemeinsamen sieben Jahre mit
Giscard d'Estaing. Gewiß hat es auch Interessenkonflikte mit
Frankreich gegeben, zum Beispiel seit Beginn der Europäischen
Gemeinschaft immer wieder über Prinzipien und Details der EG-
Agrarpolitik, später über rüstungspolitische Zusammenarbeit
und Rüstungsexport, über mannigfache andere Fragen. Aber wir
haben auf beiden Seiten niemals die entscheidenden Wahrheiten vergessen: Ohne Vertrauen und enge Kooperation zwischen
Franzosen und Deutschen kein Friede in Europa, keine gemeinsame Sicherheit, keine europäische Integration, kein Fortschritt der
EG. Ohne die Ausstrahlung der EG auf ganz Europa kann es für
unseren Kontinent zukünftig weder psychologische noch politische, noch ökonomische Stabilität geben.

Bonn und Paris haben nach dem 9. November 1989 diese Ein-
sichten zwar nicht vergessen, wohl aber vernachlässigt, schon die
Zehn-Punkte-Erklärung Kohls am 28. November enthielt ein
schweres Versäumnis: Sie war nicht mit Mitterrand abgestimmt.
Die späteren unverantwortlichen Vorbehalte Kohls zur deutsch-
polnischen Grenze haben nicht nur die Polen, sondern auch die
Franzosen (und andere in Europa) erschreckt. Die tolpatschige
Ankündigung, zum 3. Oktober die Präsidenten der Vereinigten
Staaten und der Sowjetunion nach Berlin einladen zu wollen,
mußte in Paris (wie in London) als Zeichen deutscher Arroganz
wirken. Die ablehnende Überheblichkeit der Bundesbank gegenüber der Notwendigkeit, für den gemeinsamen Markt der EG
auch eine gemeinsame Zentralbank und eine gemeinsame Währung zu schaffen, wirkt nachhaltig in der gleichen Richtung. Insgesamt gewinnen viele im Ausland den Eindruck, als ob sich
deutsche Arroganz auszubreiten beginnt.

Nichts ist uns nach dem 3. Oktober nötiger als deutsche Stetigkeit bei der Verfolgung unserer innen- und außenpolitischen Grundlinien. Es hat der Wirksamkeit unseres Grundgesetzes nicht nachhaltig geschadet, daß ursprünglich die bayerische CSU dagegen gestimmt hat. Es hat der Wirksamkeit weder des Nordatlantischen Bündnisses geschadet, daß ursprünglich die SPD dagegen gestimmt hat, noch der Europäischen Gemeinschaft, daß sie ursprünglich von der FDP abgelehnt worden ist. Die Ablehnungen unserer ostpolitischen Verträge, unseres Beitritts zum Vertrag über die Nichtverbreitung von Atomwaffen und selbst der KSZE-Schlußakte von Helsinki 1975 durch entscheidende Teile der CDU/CSU haben nicht nachhaltig geschadet. Denn alle diese vorausgegangenen Verträge sind von den jeweils nachfolgenden Regierungen honoriert worden, ihre wesentlichen Elemente sind heute zu Bestandteilen der beiden Verträge geworden, mit denen wir die Vereinigung Deutschlands erreichen.

Bundeskanzler Kohl hat das Glück, daß vierzigjährige deutsche Kontinuität uns ermöglicht hat, die Frucht der Vereinigung zu ernten. Die Opposition sollte ihm dieses Glück nicht neiden, es ist auch ihr Glück, SPD, FDP, CDU und CSU, alle haben – trotz einiger eigener Irrtümer – gemeinsam an der Kontinuität und an ihrem Ergebnis mitgewirkt. Bundesregierung und Kanzler aber darf dieses Glück nicht zu Kopfe steigen.

In Dresden hat ein Diskussionsteilnehmer die ZEIT-Redakteure wörtlich gefragt: «Wie wird das vereinigte Deutschland seine zukünftige Weltmacht-Rolle auffassen und ausfüllen?» Daß ein DDR-Bürger – offenbar ganz naiv – Deutschland als Weltmacht erstehen sah, hat mich erschreckt. Aber die Frage nach unserem eigenen Verständnis unserer zukünftigen Rolle wird nicht nur in Dresden, sie wird überall in Europa gestellt.

Mit der verfassungsrechtlichen und völkerrechtlichen Vereinigung Deutschlands geht ein langer, schmerzensreicher und schwieriger Abschnitt unserer Nachkriegspolitik zu Ende, aber die vor uns liegenden Zeiten stellen uns vor noch schwierigere Aufgaben. Wir müssen Deutschland außenpolitisch auf einem Kurs halten, der keinen unserer Nachbarn befremdet, sondern ihr Vertrauen in unsere Stetigkeit befestigt und rechtfertigt. Der Engländer Edmund Burke hat heute noch recht, der vor zwei Jahrhunderten geschrieben hat: «Nichts kann einer Nation verhängnisvoller werden als ein Übermaß an Parteilichkeit und Mißachtung der natürlichen Hoffnungen und Befürchtungen anderer.»

Die demokratisch verfaßten und marktwirtschaftlich orientierten Staaten Europas hoffen auf die zukünftige Ausstrahlung der Europäischen Gemeinschaft. Wir Deutschen müssen deshalb unsere politischen und wirtschaftlichen Kräfte voll und ganz in die EG einbringen. Auch die übrigen Staaten Europas, auch die Sowjetunion, hoffen gemeinsam mit den EG-Staaten auf den Zusammenarbeit stiftenden Ausbau des Helsinki-Prozesses. Deshalb müssen wir Deutschen tatkräftig daran mitwirken, wie schon seit zwanzig Jahren.

Das gemeinsame europäische Haus ist kulturell schon seit Jahrhunderten im Aufbau – jetzt müssen wir diese beglückende Leistung ins öffentliche Bewußtsein heben und sie weitertragen. In keinem europäischen Konzertsaal fehlen Tschaikowsky, Mussorgski, Schostakowitsch oder Prokofjew; weder in Leningrad noch in Moskau fehlen die großen französischen Impressionisten oder Picasso, Miró oder Dalí. Selbstverständlich werden Shakespeare oder Shaw auf allen europäischen Bühnen gespielt, ebenso Molière oder Goethe, Verdi und Wagner. Jetzt müssen die Buchverlage dafür sorgen, daß die große westliche Romanliteratur des 20. Jahrhunderts in den Sprachen des östlichen Europa zugängig wird. Und die Wissenschaft, die Forschung und die Lehre an Universitäten und Schulen bedürfen der Initiative und der

Hilfe zu breitem Austausch und bester Zusammenarbeit. Dies ist ein Aufgabenfeld, das zu beackern sich für uns lohnen wird.

So hat also am Ende dieses fürchterlichen 20. Jahrhunderts unser Volk abermals eine große Chance, wir werden sie dann nutzen können, wenn wir über dem Ethos der Solidarität mit unseren eigenen Landsleuten in der bisherigen DDR nicht die Solidarität mit unseren Nachbarn vergessen – ohne sie hätten wir die Chance nicht erreicht. Wenn wir über der Freude an der endlich erreichten Freiheit nicht in Selbstgerechtigkeit verfallen. Wenn wir nicht vergessen: Freiheit und Gerechtigkeit und Solidarität gehören zusammen. Wir dürfen das große Glück der Einheit in Freiheit nicht durch deutsche Überheblichkeit gefährden.

Ein Acht-Punkte-Programm

Mai 1991

«Es wird uns zugemutet, dauernd nur zuzuhören. Dauernd wird uns suggeriert, wir könnten nichts und hätten alles falsch gemacht. Ausschließlich wir seien es, die etwas zu lernen haben; denn alle unsere Erfahrungen gehörten auf den Müllhaufen. Es lohnt sich offenbar nicht hinzuhören, wenn auch wir etwas sagen. Aber wir können diese permanente Besserwisserei und die demütigende Behandlung als unmündige Versager nicht verkraften.»

Dies alles sind Worte aus dem jüngsten Brief eines Bischofs in der ehemaligen DDR, den ich seit Jahren kenne. Er fügt an: «Wir als Kirche werden die Bitterkeit keineswegs verstärken, aber wir können sie auch nicht als Schwarzmalerei und als Larmoyanz abtun. Wir werden versuchen, den Menschen Mut zu machen ...»

Aber wem eigentlich kann es Mut machen, wenn der Bundeskanzler selbst heute noch in Halle und Erfurt seine wirtschaftlichen Illusionen verkündet? Wenn er schon bis 1994 alles zum Guten gewendet haben will? Wer wird dagegen im kommenden Winter 1991/92 den Menschen in der alten DDR Mut machen – wenn statt der neuneinhalb Millionen Menschen, die dort früher einen Arbeitsplatz hatten, nur noch die kleinere Hälfte ihr Einkommen selbst verdienen kann und die größere Hälfte auf alle möglichen Alimentierungen aus öffentlichen Kassen angewiesen sein wird, von Arbeitslosenunterstützung, Kurzarbeitergeld, Warteschleife, ABM-Jobs bis zum Vorruhestand?

Die seelischen Auswirkungen werden tief greifen; die Enttäuschung der 1990 leichtfertig geweckten Hoffnungen wird politische Orientierungslosigkeit auslösen. Und im Westen des Vaterlandes werden viele dazu verleitet sein, den Menschen im Osten vorzuwerfen, sie seien zu harter Arbeit nicht bereit, und deshalb müsse man Schluß machen mit den großen Summen, die im Westen von den realen Einkommen abgezweigt und nach Osten transferiert werden.

Ich erhalte viele traurige Briefe. In einem heißt es: «Würdelos war das Stasi-Regime; aber würdelos sind auch die Wessis, die uns jetzt überfallen und uns ihr System überstülpen, ohne uns zu fragen. Aber im Westen hören wir: Die Ossis sind faul. Die Situation ist hoffnungslos. Eine Verschiebung ins Graue, Mutlose und Resignative. Dennoch sind wir tief dankbar, daß wir Deutschen 1989/90 einen schmalen Spalt in der Menschheitsgeschichte erwischt haben.»

Die Öffnung der Mauer im November 1989 und die Vereinigung der beiden deutschen Staaten binnen weniger als zwölf Monaten waren in der Tat ein unerhörter Glücksfall. Gorbatschow hat 1990 aus der Not der Sowjetunion eine Tugend gemacht. Schon heute hätte er dafür keine ausreichende politische Basis mehr. Der innere Zerfall von Staat und Wirtschaft in der Sowjetunion scheint einstweilen nur zwei Alternativen offenzulassen: entweder Chaos oder Diktatur. Oder beides zugleich. Die Auswirkungen auf Polen, Ungarn, die Tschechoslowakei, auf den ganzen Osten Europas können große Gefährdungen mit sich bringen. Auch uns Deutsche kann der Teufel holen, wenn wir es nicht fertigbringen, aus dem unerwarteten Glücksfall ein dauerhaftes Glück zu schmieden.

Das Glück der wiedergewonnenen nationalen Einheit bedarf aber großer Umsicht, menschlichen Taktes und großer Opferbereitschaft. Wir dürfen unser Glück weder durch Überheblichkeit gegenüber unseren Nachbarn gefährden noch durch Arroganz gegenüber den Menschen in den neuen Bundesländern und weder durch Kleinmut, seelische und geistige Trägheit noch durch politische und wirtschaftliche und soziale Führungslosigkeit. Denn eines ist jedenfalls gewiß: Selbst wenn die deutsche Einheit dreimal so teuer käme, wie es sich gegenwärtig abzeichnet – und teuer keineswegs nur im materiellen, sondern vielmehr noch im seelischen und geistigen Sinne –, selbst dann würden wir doch auf die Einheit nicht verzichten wollen.

Bei der unter Zeitdruck zustande gebrachten Vereinigung und beim Vertragswerk sind Fehler gemacht worden. Der schlimmste Fehler lag darin, daß die Regierung den Eindruck erweckte, man könne die deutsche Einheit mit der linken Hand, quasi aus der Portokasse finanzieren. Zugleich haben wir im Spätsommer und Herbst 1990 gesehen, daß die Bundesregierung auf ihre aus schierer ökonomischer Inkompetenz herrührende Schönfärberei selbst hereinfiel. Sie blieb blind gegenüber der Notwendigkeit erheblicher finanzieller Opfer der westlichen Bundesbürger, blind auch gegenüber deren Solidaritäts- und Opferbereitschaft.

Leider hat niemand in Bonn den Appell an die Solidarität der Nation gewagt. Bis ins Frühjahr 1991 hinein hat weder die Bundesregierung noch die politische Klasse in Bonn insgesamt die komplexen Probleme ernst genug genommen. Auch die Verbände der Wirtschaft, Gewerkschaften und BDA, BDI und DIHT, Handwerks- und Landwirtschafts- und Bankenverbände und deren Repräsentanten haben die Bundesregierung nicht zu einem viel weiter reichenden konkreten Handeln gedrängt. Schließlich hat die Opposition gedrängt, und Hans-Jochen Vogel als erster.

Selbst heute noch reden manche politische Dilettanten davon, die gegenwärtige Arbeitslosigkeit in der ehemaligen DDR sei das Ergebnis von vierzig Jahren Mißwirtschaft. Tatsächlich aber *mußte* die Bundesregierung, als sie im Sommer 1990 alle Produkte der alten DDR schlagartig dem vollen Wettbewerb aller Konkurrenten im Gemeinsamen Markt und in der Weltwirtschaft aussetzte, mit dem Zusammenbruch von Absatz und Umsatz und Beschäftigung in der DDR rechnen.

Seit dem Sommer 1990 war klar, daß die ostdeutschen Unternehmen und Betriebe in kurzer Zeit einen überwältigend großen Teil ihrer Abnehmer und Kunden verlieren mußten – nicht nur der bisherigen Kunden in der Sowjetunion und in den RGW-Staaten, sondern vor allem auch ihrer bisherigen Abnehmer in der DDR. Inzwischen ist die Industrieproduktion gegenüber Ende 1989 um weit mehr als die Hälfte gesunken, und sie fällt weiterhin. Aber die Bundesregierung bildet sich immer noch ein, die Marktwirtschaft werde diese Verluste schon in kurzer Zeit wieder aufholen.

Die rührend naive Gleichsetzung der Einführung der D-Mark in der DDR mit der DM-Währungsreform von 1948 durch den Bundeskanzler beruht auf seiner Unkenntnis der Tatsache, daß in der alten Bundesrepublik bis tief in die fünfziger Jahre unsere heimischen Produzenten durch Devisen-Zwangswirtschaft vor ausländischer Konkurrenz weitgehend geschützt blieben und daß es zunächst keinen größeren Importdruck gegeben hat. In diesem wichtigen Punkte sind heute die Industrien Polens oder Ungarns oder der ČSFR in besserer Lage als die Industrien im Gebiet der alten DDR.

Bitte, kein Mißverständnis: Die schnelle Einbeziehung der DDR in das DM-Währungsgebiet und in den Gemeinsamen Markt der EG war politisch richtig. Ich bin auch heute noch fest überzeugt, daß wir binnen zehn Jahren in den neuen Bundesländern die gleiche Produktivität pro Arbeitsstunde erreichen können wie im Westen, das heißt eine Verdreifachung der Produktivität. Ich bin also keineswegs pessimistisch gestimmt.

Aber ich weiß seit dem Sommer vorigen Jahres und habe es seit August 1990 überall in der DDR öffentlich gesagt: Dieser Prozeß wird zwangsläufig erschütternde Freisetzungen von Arbeitskräften mit sich bringen. Deshalb bedurfte und bedarf er noch für Jahre unabweislich der Flankierung durch große Infrastruktur-Investionsprogramme für Wohnungsbau und Wohnungsinstandsetzung, Straßenbau, Eisenbahnmodernisierung, Telekommunikation, Versorgungsunternehmen, Entsorgung, Umweltschutz, Erschließung und Vorbereitung neuer Gewerbeflächen, damit neue Arbeitsplätze geschaffen und andernorts freigesetzte Arbeitnehmer aufgenommen werden.

Gleichzeitig kam es – und kommt es immer noch – auf schnelle Herstellung von praktikablen gesetzlichen und administrativen Bedingungen an, damit privatwirtschaftliche Investitionen und damit Arbeitsplätze überhaupt möglich werden.

Erst in den allerletzten Wochen haben Bundesregierung und Gesetzgeber einige der Versäumnisse gutgemacht – sehr spät und leider abermals zu wenig.

Man muß sich klarmachen: Wenn in diesem Jahr 100 bis 130 Milliarden Mark an öffentlichen Mitteln in die neuen Bundesländer gegeben werden, so gehen über drei Viertel davon in Kurzarbeitergeld, Arbeitslosenunterstützung sowie Löhne und Gehälter für öffentliche Bedienstete. Nur ein sehr kleiner Teil geht in Investitionen, der weitaus größere Teil geht in den Konsum.

Aber unternehmerische wie öffentliche Investitionen sind der überragend wichtige Faktor für die Anhebung der volkswirtschaftlichen Produktivität. Sie sind bereits auf kurze Sicht entscheidend. Denn nur sie können anderweitig freigesetzte Arbeitnehmer dauerhaft produktiv beschäftigen und ihnen Mut und Selbstbewußtsein wiedergeben. Öffentliche Infrastruktur-Investitionen sind als Voraussetzung für betriebswirtschaftliche Kostenrationalität der Unternehmen und für unternehmerische Investition dringend nötig. Wer wesentlich höhere Investitionen in der ehemaligen DDR will, der muß in mindestens acht Bereichen energisch umsteuern.

1. *Radikale Vereinfachung aller bürokratischen Abläufe.* Was immer von den fünf Landesregierungen, vom Berliner Senat, was von den Städten und Kommunen entschieden werden kann, das muß auch in deren Zuständigkeit gegeben werden, und sie müssen in ihren Ausschreibungen erzwingen, daß die Auftragnehmer *östliche* Arbeitnehmer beschäftigen, nicht aber Baukolonnen aus dem Westen. Bonn muß die überkomplizierten Verwaltungsverfahren – vom Recht der Raumordnung und Planfeststellung bis zur Baugenehmigung und von der Ausschreibung bis zum Auftrag – vereinfachen und *verkürzen.* Bisher ist in Bonn aber nur theoretisch von «Beschleunigung» die Rede. Und in den Städten der ehemaligen DDR weiß immer noch keiner, wer eigentlich die Sanierung und Modernisierung der heruntergekommenen Wohnungen betreiben darf – und wie dies zu finanzieren ist.

Als wir vor dreißig Jahren in Norddeutschland von einer schweren Flutkatastrophe überfallen wurden, da haben wir nicht lange nach einschlägigen Vorschriften und Verboten gefahndet, denn das Leben von Tausenden stand auf dem Spiel. Wir haben gehandelt. Die heutige Lage in der DDR ist eine viel größere Katastrophe – deshalb *muß* gehandelt werden. Und zwar nach den Vorschlägen von Stolpe und Biedenkopf; denn sie wissen besser als die Bonner, was die Verwaltungen in den neuen Ländern bewältigen können.

Wenn eine Großstadt ein Grundstück nicht an einen Investor verkaufen kann, weil die Bundesvermögensverwaltung in Bad Homburg zuständig ist, dann ist Sand im Getriebe. Die Treuhand ist mit der Dezentralisierung von Entscheidungsbefugnissen vorangegangen, das Bundesfinanzministerium muß folgen. Was am Ort entschieden werden kann, das muß endlich auch am Ort entschieden werden.

Möllemann würde sich ein großes Verdienst erwerben, wenn er der Regierung einen das ganze Feld abdeckenden Katalog von

Vereinfachungsnovellen vorlegte (notfalls auf fünf Jahre befristet). Denn Massenarbeitslosigkeit ist eine ungleich stärkere Gefährdung unserer Demokratie als eine Verkürzung von Verwaltungsabläufen! Sehr viele wirtschaftlich notwendige Verwaltungsakte werden grauenhaft verzögert, weil es an Verwaltungsbeamten fehlt, die ihren Beruf beherrschen. Man muß an westdeutsche Beamte appellieren, auf Zeit nach drüben zu gehen. Man braucht Beförderungs- und andere Anreize. Und natürlich läßt das Grundgesetz es zu, Beamte zu versetzen. Was unsere großen Banken geschafft haben, das muß man auch von unserer Beamtenschaft verlangen.

2. Auch die *Treuhandanstalt* muß sich stärker als bisher auf die *überregionalen* Fälle beschränken und den Rahmen der Entscheidungskompetenz ihrer Außenstellen wesentlich erweitern. Die Treuhand hat durch zweckmäßige Besetzung von Aufsichtsräten in vielen Fällen brauchbare personelle Voraussetzungen für die Sanierung von Unternehmen geschaffen. Aber sie kann nicht 8000 Betriebe sanieren und subventionieren – ihre Hauptaufgabe muß die Privatisierung bleiben. Dabei darf die Treuhand nicht fiskalisch angehalten werden, zum höchsten erzielbaren Preis zu verkaufen. Der Verkauf an solche Unternehmen muß Vorrang haben, die selbst investieren und für die Zukunft Arbeitsplätze schaffen oder sichern wollen.

Im übrigen bleibt die Vielzahl der Außenstellen der Treuhand – orientiert an der alten Bezirkseinteilung der SED – ein Fehler. Sechs Außenstellen genügen, in jedem Lande eine; dann kann sowohl deren Qualität als auch ihre Entscheidungszuständigkeit ganz wesentlich angehoben werden.

3. *Investition und Arbeitsplätze müssen unbedingten Vorrang erhalten* vor jedweder Restitution von privatem Eigentum an die Erben der ehemaligen Eigentümer. Das jüngst novellierte Vermögensgesetz ist seiner komplizierten Verschachtelung wegen immer noch

fast unlesbar. Der entscheidend notwendige Paragraph 3 a darf nicht auf die Jahre 1991/92 beschränkt bleiben, die Treuhand *kann* doch gar nicht bis Ende 1992 mit ihrer Arbeit fertig sein. Gemeinden, Städte, Länder, Treuhand und Bund müssen über Vermögen, über Grund und Boden, Gebäude und Wohnungen unbeschränkt verfügen können.

Wir haben Zeit genug, um die Entschädigung privater Eigentumsansprüche zu regeln. Der Diebstahl des Eigentums liegt schon Jahrzehnte zurück; es gibt gegenwärtig keinen dringenden ökonomischen oder sozialen Grund, Rückerstattung oder Entschädigung Hals über Kopf vorzunehmen. Leider gibt es auch nach der Novelle immer noch ein Vorkaufsrecht des Eigentumsberechtigten. Bis heute liegen 1,2 Millionen Restitutionsansprüche bei den Behörden vor – ein fabelhaftes Konjunkturprogramm für Juristen.

4. *Steuerpräferenzen, Subventionen und Zulagen für Investitionen in Ostdeutschland* sind in den Augen von Wirtschaftsordnungsideologen gewiß nicht das Gelbe vom Ei. Aber sie sind dringend notwendig, wir müssen sie noch weiter ausbauen. Karl Schillers Vorschläge sind ernst zu nehmen: sofortige volle steuerliche Abschreibung von Investitionen in den neuen Ländern, großzügiger Verlustvortrag und Verlustrücktrag, Mehrwertsteuersatz auf Null bei gleichzeitiger Gewährung eines (fiktiven) Vorsteuerabzuges. Alle diese Instrumente haben wir früher schon in ähnlichen Formen angewendet, sie bedeuten keine Revolution. Sie müssen allerdings zeitlich befristet bleiben, damit keine Gewöhnungs- und keine übermäßigen Mitnahmeeffekte eintreten.

5. In Regionen, wo all dies nachhaltig nicht auszureichen verspricht, können *Beschäftigungs- und Qualifizierungsgesellschaften* hilfreich sein. Sie sind ein Notbehelf, keine Dauerlösung. Qualifizierungsangebote werden gegenwärtig nicht leicht angenommen, weil die Menschen noch keine Vorstellung davon haben können,

welche Berufe zukünftig gefragt sein werden. Deshalb kann sich ein größerer Erfolg der zusätzlichen beruflichen Qualifizierung erst im Zuge des Sichtbarwerdens von Erfolgen der wirtschaftlichen Umstrukturierung ergeben.

6. Bereitstellung weit höherer Mittel für *öffentliche Infrastrukturprogramme*. Auf jeder Straße, in jeder Gemeinde kann man mit bloßem Auge erkennen, welche Arbeiten eigentlich geleistet werden müßten. Tatsächlich nimmt aber in den neuen Bundesländern das Bauvolumen 1991 ab; kein Mecklenburger oder Uckermärker oder Thüringer kann das begreifen – ich begreife es auch nicht.

7. *Es geht nicht ohne Steuererhöhungen*. Wegen der Vielzahl der bisherigen Investitionshemmnisse verpufft der größte Teil der Finanztransfers als bloße Konsumfinanzierung, die weit überwiegend über öffentliche Anleihen des Bundes und der Treuhand alimentiert wird. Dies ist ein *super-deficit spending* zugunsten der Konjunktur in Westdeutschland (und im Gemeinsamen Markt), obwohl wir hier Konjunkturspritzen weder benötigen noch vertragen können. Ein Fehler, der mit Reagans unsinniger Haushaltspolitik vergleichbar ist. Preise und Löhne werden steigen; die Bundesbank wird mit hohem kurzfristigen Zins gegensteuern, und auch auf den langfristigen Finanzmärkten ist weiterer Zinsanstieg zu befürchten – nahezu prohibitiv für den privaten Wohnungsbau.

Die öffentlichen Hände – Bund, Länder, Gemeinden, Treuhand, Fonds, Bahn, Post – werden 1991 im Vergleich zu den vorangegangenen Jahren ein Vielfaches an Krediten und Anleihen placieren müssen, aber dem wird keineswegs eine vervielfachte Sparleistung und Kapitalbildung gegenüberstehen! Wenn demnächst der Bundeshaushalt für 1991 beschlossen wird, so werden viele Ausgaben noch gar nicht enthalten sein, die sich als nötig erweisen werden: die Ausweitung der Infrastrukturprogramme, die Übernahme großer Altschulden (wobei durchaus jener Teil der Altschulden gestrichen werden sollte, der den öffentlichen Händen als Gläubigern zusteht), die Einlösung von Sanierungsbürgschaften der Treuhand (bisher rund 30 Milliarden Mark), die Übernahme ökologischer Altlasten durch die Treuhand; vor allem aber die viel größeren Ausgaben, die wegen der höheren Arbeitslosigkeit auf uns zukommen. Und in den nächsten Jahren werden deutsche Finanzbeiträge zum Aufbau in Polen, in Ungarn und der ČSFR noch hinzukommen.

Notwendig bleibt die Erkenntnis, daß in diesem Jahrzehnt die Steuer- und Abgabelast der Deutschen steigen wird. Je eher wir uns dazu durchringen, um so leichter werden die nächsten Jahre. Dabei sind Anhebung von Mehrwertsteuer, Mineralölsteuer und anderen indirekten Steuern zwar der bequemste Weg, aber keinesfalls die sozial gerechteste Methode. Wer es ernst meint mit der Gerechtigkeit, der muß einen großen Teil über das bereitliegende Instrument der *Ergänzungsabgabe* auf jedermanns Lohn- und Einkommenssteuerschuld hereinholen. Die Ergänzungsabgabe belastet jedermann mit einer prozentual gleichen Erhöhung seiner persönlichen Steuerschuld, aber die letztere ist sozial gestaffelt nach der Höhe seines Einkommens. Natürlich wäre ein durchgreifender Abbau von mitgeschleppten steuerlichen (und anderen) Subventionen der allerbeste Beitrag.

Bei alledem darf ein verfassungspolitischer Aspekt nicht untergehen: Der Finanzausgleich zwischen Bund und Ländern wird durch die weitestgehende bundesseitige Finanzierung des Aufbaus in den neuen Ländern de facto verschoben. Je mehr Länder im Bundesrat sich der Verknappung ihrer eigenen Finanzmittel widersetzen, um so mehr zwingen sie den Bund zur einseitigen Steuererhöhung und damit zu einer unerwünschten Aushöhlung unseres föderativen Systems.

8. *Auch die Lohnpolitik muß ihren Beitrag leisten.* Dabei ist die

72

durch Tarifvertrag bereits eingeleitete schnelle (bis April 1994) Heranführung ostdeutscher Löhne und Gehälter an das westdeutsche Niveau zwar vielfach kritisiert worden. Aber sie kann durchaus gerechtfertigt werden; denn ansonsten käme es zu weiteren Abwanderungen von Ost nach West (allein in den letzten zwölf Monaten wahrscheinlich bereits 300 000 Menschen!), und Arbeitsaufnahmen von Fachleuten in umgekehrter Richtung würden wesentlich behindert. Andererseits bedeutet der schnelle Lohnanstieg eine schnelle Steigerung der Produktionskosten in den neuen Ländern, die keineswegs überall durch schnelle Steigerung der Produktivität aufgefangen werden kann. Mithin ist die Gefahr zusätzlicher Arbeitslosigkeit nicht von der Hand zu weisen.

Wenn aber darüber hinaus das westdeutsche Lohnniveau als Basis der Löhne in Sachsen oder Brandenburg jedes Jahr um fast sieben Prozent angehoben würde, wie es in diesem Frühjahr geschieht, so müßten die Löhne dort bis 1994 um rund sechzig Prozent steigen. Ein allgemeiner Produktivitätsfortschritt in diesem Tempo ist aber in der ehemaligen DDR ausgeschlossen.

Nach mehr als vierzig Jahren Gewerkschaftszugehörigkeit nehme ich mir das Recht zu der Feststellung: Wer der Arbeitslosigkeit in den neuen Ländern entgegentreten will, wer dort mit Recht gegen Arbeitslosigkeit protestiert, wer gar ein Grundrecht auf Arbeit in die Verfassung hineinschreiben möchte, der muß solidarisch seine westdeutsche Lohnpolitik zügeln.

Als die Menschen in Leipzig gerufen haben «Wir sind *ein* Volk», da konnten sie nicht wissen, wie man Wiedervereinigung macht. Nicht einmal wir im Westen, denen es seit 1948 alljährlich etwas besser gegangen ist und die wir seitdem vieles lernen konnten, haben es gewußt. Aber unsere Regierung hat den Brüdern und Schwestern versprochen, in kurzer Zeit werde es ihnen genauso gut gehen wie uns im Westen; und den Bürgern im Westen hat sie versprochen, es werde nicht viel kosten.

Mir ist dabei immer eine Skulptur von Ernst Barlach im Bewußtsein gewesen: Zwei Menschen begegnen sich, der eine gebeugt, kummervoll, aber mit Hoffnung dem anderen ins Antlitz schauend, der ihn aufrecht und ernst umarmt – ein Bild der Heimkehr nach langer Irrfahrt. Wenn der Bruder, der zu Unrecht lange Jahrzehnte im Gefängnis war, schließlich vor unserer Tür steht, dann bittet man ihn herein, man teilt brüderlich mit ihm – und fragt nicht nach den Kosten. Freiheit und Brüderlichkeit gehören zusammen. Seit dem 9. November 1989 war kein Fehler schlimmer als die Unterlassung des Appells an unsere Brüderlichkeit und Opferbereitschaft.

Von achtzig Millionen Bürgern unseres Staates leben vier Fünftel im Westen. Es geht ihnen wirtschaftlich und sozial besser als jemals vorher im Leben. Selbstverständlich kann diese große Mehrheit dem anderen Fünftel der Deutschen dazu verhelfen, sich selbst wirtschaftlich und sozial gesichert auf die eigenen Beine zu stellen.

Aber die Mehrheit muß dazu aufgerufen, ihre Solidarität muß organisiert werden. Das haben wir doch in den fünfziger Jahren mit Lastenausgleich und Eingliederung der Vertriebenen, Flüchtlinge und Ausgebombten schon einmal gekonnt. Es ist noch keineswegs endgültig zu spät. Aber es ist schon sehr spät.

Die Bürger in den neuen Ländern sind der salbungsvollen Versprechungen übermüde; sie können auch die Satyrspiele auf einigen Nebenbühnen in München oder Bonn oder Irsee nicht begreifen. Es kommt nicht so sehr darauf an, wer darauf hofft, 1994 die Wahlen zu gewinnen. Es kommt entscheidend darauf an, daß wir als Nation die größte Bewährungsprüfung bestehen, die uns gemeinsam jemals seit 1945 gestellt worden ist.

Die DDR ist zu Ende gegangen. Das weiß jedermann. Aber

jedermann muß noch erst lernen: Das vereinigte Deutschland kann nicht bloß eine Fortsetzung der alten Bundesrepublik sein. Die seelische und geistige Integration beider Teile unserer Nation, die seelische Verschmelzung kann längere Zeit benötigen als nur eine Generation. Aber sie kann mißlingen, wenn uns nicht im gegenwärtigen Jahrzehnt die wirtschaftliche und soziale Verschmelzung gelingt. Was wir brauchen, ist ein gewaltiger Aufschwung des Gemeinsinns und der Brüderlichkeit.

Zum ersten Jahrestag der Wiedervereinigung

Oktober 1991

Nein – ich kann dem Diktum keineswegs beipflichten, wir Deutschen seien eine «Nation, die dies eigentlich gar nicht mehr sein will» (so jüngst der Münchner Historiker Christian Meier). Zwar haben manche Intellektuelle uns schon des längeren einreden wollen, wir sollten freiwillig auf unsere nationale Identität verzichten, sie sei gar nicht mehr zeitgemäß; sie haben uns überzeugen wollen, wir müßten das Streben nach Einheit der Nation um des Friedens willen aufgeben, es sei ohnehin nicht ehrlich gemeint.

Aber diese klugen linken Liberalen haben bloß für einige ihresgleichen gesprochen, die – angesichts unserer Geschichte nicht unverständlich – Schwierigkeiten damit hatten, sich mit ihrem eigenen Volk zu identifizieren. Tatsächlich aber hängen wir Deutschen – sei es in Leipzig oder Weimar, sei es östlich oder westlich des Brandenburger Tores, sei es in Hamburg oder Heidelberg – an der gemeinsamen Nation, aus gleichen Gründen wie die Polen oder die Ungarn, die Esten, Letten oder Litauer, wie die Franzosen, die Holländer oder die Engländer.

Ja – es ist wahr: Der Nationalstaat darf gewiß nicht als höchster Wert gelten, aber er ist in ganz Europa immer noch eine seelische Notwendigkeit. Wo Nationen in ungeliebte Staaten gepfercht sind, dort besteht Gefahr für ihre Freiheit und für den Frieden.

Als am 9. November 1989 die Mauer fiel und die Einheit der Nation in Sicht kam, da waren fast alle Deutschen von einem tiefen Glücksgefühl erfüllt wie niemals vorher im letzten Jahrhundert, und abermals ähnlich, als am 3. Oktober 1990 die Vereinigung besiegelt wurde.

Heute, nach Jahr und Tag, müssen wir uns fragen, was wir bisher aus unserem Glück gemacht haben: Sind wir auf gutem Wege zur inneren Einheit? Haben wir unsere Nachbarn eingeladen, ohne Besorgnis an unserem Glück teilzuhaben? Ehrliche Antworten auf diese beiden Fragen können gewichtige Zweifel nicht unterdrücken.

Unserer politischen Führung und unserer öffentlichen Meinung fehlt das Bewußtsein der europaweiten Auswirkungen unserer staatlichen Vereinigung. Wir haben mehr Nachbarn als die anderen Völker Europas, für uns ist es deshalb besonders schwierig, mit allen unseren Nachbarn in gutem Einvernehmen zu leben. Fast alle unserer Nachbarn erinnern sich nicht nur an die Großmannssucht Wilhelms II., sondern viel mehr noch an Verbrechen während der Hitlerschen Eroberungen.

Die Europäische Gemeinschaft wie auch die Nato hatten deshalb von Anfang an nicht nur den Zweck der Sicherheit vor der Sowjetunion, sondern auch den anderen Zweck der Sicherheit vor Deutschland – durch Einbindung der Bundesrepublik, die damals fünfzig Millionen Menschen umfaßte. Heute hat das vereinigte Deutschland fünfundsiebzig, vielleicht demnächst fast achtzig Millionen Menschen, beinahe anderthalbmal so viele wie Frankreich, Italien oder England, doppelt so viele wie Polen, fünfmal so viele wie Holland. Hinter einstweilen noch vorgehaltener Hand wächst die Besorgnis vor Deutschland.

Wir haben mehrfach Anlaß dazu gegeben. Es begann am 29. November 1989, als Kanzler Kohl sein Zehn-Punkte-Programm zur deutschen Vereinigung ohne jede vorherige Abstimmung mit Präsident Mitterrand öffentlich vortrug. Es setzte sich fort, als er die rechtsverbindliche Anerkennung der deutsch-polnischen Grenze bis zur letzten Minute zu verschieben trachtete.

Beide Fehler wurden bei uns kaum kritisiert, aber der Schaden in Frankreich und in Polen war beträchtlich. Symbolische Gesten auf Soldatenfriedhöfen und in Auschwitz ersetzen keine Politik, Frankreich und Polen bleiben – kraft Geschichte und kraft Geographie – unsere wichtigsten Nachbarn. Antipolnische Ausschreitungen an der Oder sind Gift für die deutsch-polnischen Beziehungen, noch mehr das illusorische Geschwätz von einer deutschen «Brückenfunktion» zur Sowjetunion oder zu Rußland. Und riesige Finanzleistungen zugunsten Moskaus irritieren nicht nur die Polen, sondern auch die Franzosen – und andere in Europa.

Unsere Scheckbuch-Diplomatie in mehrerlei Himmelsrichtungen weckt Begehrlichkeiten, welche wir nicht erfüllen können; sie weckt auch Neid und vertieft Besorgnisse vor unserer wirtschaftlichen Kraft. Wenn Kohl neuerdings die Währungsunion im Rahmen der Europäischen Gemeinschaft vom Beschluß zur Politischen Union der EG abhängig macht (als ob nicht das zukünftige europäische Zentralbanksystem gerade im Gegenteil völlig unabhängig von gemeinsamen politischen Instanzen sein soll!), so muß dies den Argwohn auslösen, im Ernst wollten wir die gemeinsame Währung gar nicht, sondern wir strebten in Wahrheit eine überragende Stellung der DM-Währung und der deutschen Finanzinstitute an – sozusagen ein zweites Japan am Ende der neunziger Jahre. «Kein Wunder, daß Deutschlands europäische Partner verwirrt und besorgt sind» (Ralf Dahrendorf).

Unsere wechselnden, die EG-Solidarität gefährdenden, insgesamt tumben Sondertouren im Falle des Irak-Krieges oder des serbisch-kroatischen Konfliktes sind andere, wenn auch minore Beispiele von Bonner Achtlosigkeit und Überheblichkeit. Die Bonner Entschlußlosigkeit in den Zukunftsfragen der Bundeswehr kontrastiert sehr zu unserem Nachteil mit George Bushs glänzender Initiative zu einseitiger Abrüstungsvorleistung.

Je größer das Gewicht der Bundesrepublik im Vergleich zu unseren Partnern, um so vorsichtiger und sorgfältiger müssen wir damit umgehen. Nichts ohne unsere Partner, aber möglichst vieles gemeinsam mit unseren Partnern! Nur gemeinsames Tun mit Frankreich und mit Polen kann Vorurteile, Ressentiments und Besorgnisse überwinden.

Weil Kanzler Kohl bis heute einen leichtfertigen Optimismus propagiert und einen kurzfristigen, leicht erschwinglichen Erfolg verspricht, sind inzwischen bei «Wessis» und «Ossis» große Enttäuschungen eingetreten. Es wäre gewiß viel besser und jedenfalls moralisch geboten gewesen, am 3. Oktober 1990 an die Solidarität der Westdeutschen zu appellieren, ihnen zu sagen, daß wir ein Jahrzehnt der Einschränkung vor uns haben, und den Bürgern im Osten des Vaterlandes ebenso deutlich zu sagen, daß ihnen ein Jahrzehnt schwieriger Anpassung bevorsteht. Es ist für solche Ehrlichkeit in beiden Richtungen noch keineswegs zu spät. Warum nicht – außerhalb bisheriger Terminkalender – eine große, ehrliche Inventur «Zur Lage der Nation» nebst klaren Wegweisungen für das nächste Jahr? 1992 kann die wirtschaftliche Talfahrt in den neuen Bundesländern erstmalig von einem kleinen Wachstum abgelöst werden – was ist dazu nötig? Was ist nötig in der Verwaltung, in der Justiz, an den Universitäten?

Die Wessis müssen von der Bundesregierung hören, was sie falsch machen. Die Anmaßung der Wessis stempelt die Ossis vielfach zu Bürgern zweiter Klasse. «Die Lehrmeister sind höchst ungeduldig und arrogant, und sie treten mit vielerlei Gaunern und fragwürdigen Existenzen gemeinsam auf» (Christian Meier). Wir dürfen den falschen Eindruck nicht zulassen, an die Stelle der Diktatur einer Partei trete nunmehr eine «Diktatur des Geldes» (Dieter E. Zimmer). Auch haben wir kein Recht, denjenigen Deutschen, die von 1933 bis 1990 ohne Unterbrechung unter

Diktaturen gelebt haben, den Vorwurf zu machen, «irregeführt und desinformiert worden zu sein» (Richard Schröder). Unsere Gerichte dürfen sich nicht zur «Siegerjustiz» verleiten lassen. Manche westdeutsche Heuchelei ist ekelhaft. Klaus von Dohnanyi hat recht: Wir sollten unseren Hochmut abtun gegenüber früheren Nazis wie Kommunisten, wir sollten den Blick nach vorne richten.

Der «westdeutsche moralische Alleinvertretungsanspruch» (Robert Leicht) ist ohne Boden. Den Frauen in den neuen Bundesländern die Fristenregelung und die alleinige Entscheidung nehmen zu wollen, die sie seit Jahrzehnten gehabt haben, ist eine Anmaßung. Ostdeutschen Krankenschwestern ihre in einem schweren Beruf erworbenen Dienstjahre streichen zu wollen, war eine fast unglaubliche Herabsetzung – ich habe mich für meine eigene Gewerkschaft geschämt.

Und wenn Politiker und Medien angesichts des massenhaften Mißbrauches des Grundrechtes auf Asyl für politisch Verfolgte seit Monaten keine praktikable Abhilfe schaffen, gleichzeitig aber das Fernsehen jeden Abend Gewalt und Mord darbietet, dann muß man sich über extreme Reaktionen nicht wundern. Weil aber der linke Extremismus derzeit diskreditiert ist, so gehen die Emotionen in den rechten Extremismus – von Hoyerswerda bis Bremen.

Wer glaubt, nur die Deutschen im Osten hätten etwas zu lernen, der irrt sich. Auch die Westdeutschen müssen sich ändern! Nur wenn wir von beiden Seiten aufeinander zugehen, werden wir seelisch «ein Volk» sein, wie das 1989 die Demonstranten in Leipzig gehofft und gerufen haben. Natürlich bleibt es wahr: Die Ostdeutschen haben sehr vieles zu lernen. Ihnen stehen noch viele schwierige Jahre bevor. Aber gerade deshalb darf niemand ihre Selbstachtung und ihren Stolz verletzen!

Das Gebot aus Artikel 1 des Grundgesetzes, die Würde des

Menschen nicht anzutasten, gilt nicht nur für den Staat, es gilt für jedermann – auch für Presse und Fernsehen, auch für Politiker. Wenn jüngst die bedeutende *Frankfurter Allgemeine Zeitung* die Ostdeutschen ermahnte, sie sollten nicht die «Freiheiten vergessen und verdrängen, ... die sie unversehens gewonnen haben», und ihnen «deutsche Weinerlichkeit» attestierte, dann ist solche Überheblichkeit der Würde der Ostdeutschen nicht minder abträglich als einige Jahre früher der unerträgliche Satz in einem Papier über die sogenannte Streitkultur, nach dem «SED und SPD sich gegenseitig nicht in Frage stellen». Je mehr unsere Publizistik und unsere Innenpolitik heute solche ephemeren Figuren wie Schalck-Golodkowski oder Wolf oder auch die unvermeidlich nötige Entlassung von Menschen, welche in der Stasi oder in anderen Institutionen der ehemaligen DDR andere Menschen in Bedrängnis gebracht haben, wochenlang zum Hauptthema machen, um so mehr verdunkeln wir das wirkliche Hauptthema.

Vor einem Menschenalter hat Kurt Schumacher es in seiner letzten öffentlichen Ansprache prophetisch vorweggenommen: «Die Vereinigung Deutschlands kann nur erfolgen durch gemeinsame Anstrengung und gemeinsame Übernahme des Risikos für alle Teile Deutschlands»; Schumacher hatte überdies eindringlich davor gewarnt, den Deutschen im Osten die menschliche Solidarität zu verweigern, «auf die sie einen Anspruch haben».

Die Lage der Nation ist unendlich viel besser, als sie jemals seit 1933 gewesen ist: Alle Deutschen sind frei; alle sind gleich vor dem Gesetz; unsere Regierung haben wir selbst gewählt, wir können eine andere wählen; wir brauchen keinerlei staatliche Gewalt zu fürchten; unser allgemeiner Lebensstandard ist höher als jemals; wir sind von keinen äußeren Gefahren bedroht. Gleichwohl gibt es beträchtliche Gefährdungen durch uns selbst; die wir erkennen und denen wir begegnen müssen. Dazu brauchen wir ein höheres Maß an Solidarität – innerhalb unserer Nation und ebenso gegenüber unseren Nachbarn in Europa. Es gibt keinerlei Grund zur Angst, aber auch keinen Grund zu dickfelliger Zufriedenheit.

Ein Pakt für die Einheit

Februar 1992

Die Zahl von über drei Millionen Arbeitslosen im Januar hat Unruhe ausgelöst; sie ist aber irreführend und täuscht über den Ernst der Lage hinweg, weil sie die hohe verdeckte Arbeitslosigkeit in den neuen Ländern nicht enthält.

Ebenso war es irreführend, als Helmut Kohl vor der Frankfurter Börse meinte, die Neuverschuldung des Bundes werde 1992 auf unter fünfzig Milliarden Mark zurückgeführt und die Bundesregierung stärke damit das Vertrauen der Finanzmärkte. Tatsächlich liegt die Gefahr in den vielen neuen Neben- und Schattenhaushalten. Es reicht nicht, wenn der Regierungschef und sein Finanzminister zwar das Defizit des Bundeshaushaltes begrenzen, gleichzeitig aber die immer noch wachsenden Defizite in immer mehr Neben- und Schattenhaushalten verstecken. Das Defizit des öffentlichen Gesamthaushalts steigt auch 1992 und 1993.

Im Laufe der vergangenen zehn Jahre hat sich die öffentliche Verschuldung verdoppelt, der Anstieg geht besonders auf die allerjüngste Zeit zurück. Deshalb ist Deutschland heute zu einem Kapitalimportland geworden; wir leben zum Teil von ausländischen Ersparnissen. Je länger dieser Zustand anhält, um so mehr wird das Vertrauen gefährdet. So schrieb vorige Woche die *Financial Times:* «Wenn nicht Politiker, Unternehmer und Gewerkschaften gemeinsam handeln, und zwar bald, dann sind die Aussichten entschieden düster» – Deutschlands Aufschwung im Eimer.

Das amerikanische Beispiel zeigt, wohin eine uferlose Defizitpolitik führen kann. Präsident George Bush hat die unsinnige Haushaltswirtschaft seines Vorgängers auf eine neue Spitze getrieben; dem Haushaltsjahr 1989/90 mit einem Defizit von über 200 Milliarden Dollar folgten 1990/91 schon 270 Milliarden Dollar, und im laufenden Haushaltsjahr 1991/92 wird das Defizit des Bundeshaushalts auf etwa 350 Milliarden Dollar steigen. Schon lange sind die Finanzmärkte der Vereinigten Staaten auf enorme ausländische Kapitalimporte angewiesen, um die Budgetdefizite finanzieren zu können. Das reichste Land der Erde ist zum größten Schuldner gegenüber dem Rest der Welt geworden – eine Schande für Amerika, vor allem aber eine Belastung für die Entwicklungsländer, welche auf Kredite angewiesen sind.

Für die Vereinigten Staaten selbst wird die Situation immer riskanter. Jahrelange süße Vergiftung einer an sich auch heute noch hoch leistungsfähigen Volkswirtschaft durch staatliche Defizitwirtschaft hat viele Industrieunternehmen und Banken dazu verführt, Innovation, Rationalisierung und Auslandsmärkte zu vernachlässigen; trotz des eklatanten Verfalls des Dollarkurses gegenüber den Währungen Westeuropas und Japans seit Mitte der achtziger Jahre haben die amerikanischen Unternehmen ihre Exporte nicht wesentlich gesteigert. Das Interesse richtete sich in vielen Fällen statt dessen auf spekulative und spektakuläre Transaktionen.

Höchst zweifelhafte Jongleure stiegen vorübergehend zu Helden der veröffentlichten Meinung auf – heute stehen sie vor Gericht. Fast alle Sparkassen, die sich leichtfertig auf Junk-bonds und Aktien- und Grundstücksspekulationen einließen, stehen vor der Pleite, und auch manchen Banken geht es nicht gut. Die Naivität des früheren Präsidenten Ronald Reagan, die Steuern erheblich zu senken und zugleich die Rüstungsausgaben stark zu steigern, hat im Ergebnis zur Vernachlässigung wichtiger Aufgaben geführt und eine anhaltende Rezession ausgelöst. Washington hat sich selbst jahrelang getäuscht.

Trotz der enormen Beanspruchung durch den Zweiten Weltkrieg sind die Vereinigten Staaten an dessen Ende stark genug gewesen, aus eigener Ersparnis mit dem Marshallplan der Hälfte der Welt auf die Füße zu helfen; heute dagegen konnten sie den kurzen Krieg am Persischen Golf nur mit Hilfe zweistelliger Milliarden-Beiträge aus dem Ausland finanzieren, vornehmlich aus Japan, Deutschland und Saudi-Arabien (wodurch übrigens sogar Saudi-Arabien gegenwärtig ein Kapitalimportland geworden ist). Für eine Welt-Führungsrolle, wie sie von einigen amerikanischen Politikern beansprucht wird, fehlt gegenwärtig die ökonomische Basis. Sofern irgendein politisches Ereignis in der Welt die internationalen Gläubiger Amerikas dazu veranlassen sollte, ihre Gewinne, Dividenden und Zinsen abzuziehen und in ihre eigenen Währungen zu transferieren, so droht Unheil – und noch mehr Unheil, wenn die Gläubiger beginnen, auch ihr Kapital aus den Vereinigten Staaten abzuziehen.

Anders ausgedrückt: Die Wirtschaft Amerikas ist heute in viel stärkerem Maße vom Vertrauen der Weltwirtschaft abhängig als umgekehrt – und das Vertrauen ist gefährdet. Diese bittere Erkenntnis muß allerdings nicht unumstößlich sein. Wenn nämlich Präsident und Kongreß sich zu einer durchgreifenden Umkehr ihrer Finanzpolitik entschlössen, wenn die politische Klasse endlich beim Staatsverbrauch wirksam kürzte und privates Sparen steuerlich prämierte, wenn sie der krankhaften Las-Vegas-Spielcasino-Mentalität vieler Finanziers und der ebenso krankhaften Selbstbereicherungsmentalität vieler Spitzenmanager in der Industrie moralisch entgegenträte, wenn die politische Führung, statt Japan und die EG anzuklagen, mit gutem Beispiel voranginge – dann könnte Amerika schon vor Ende dieses Jahrzehnts wieder auf einer gesunden ökonomischen Basis stehen. Denn die große Vitalität der Nation wird gegenwärtig keineswegs ausgeschöpft.

In Deutschland könnte die Gesundung noch schneller gehen, denn bei uns hat sich der Schlendrian in der Finanzpolitik noch keineswegs so tief eingefressen. Aber auch die deutsche politische Klasse täuscht sich selbst und verschweigt dem Volk die Wahrheit.

Auch Deutschland könnte heute eine internationale ökonomische Führungsrolle in Osteuropa nicht aus eigener Kraft finanzieren. Auch wir sind heute in steigendem Maße vom Vertrauen der Weltwirtschaft abhängig. Auch in der Bundesrepublik gibt es inzwischen private Finanzjongleure, vornehmlich tummeln sie sich im Osten. Auch in Bonn ist der wirtschafts- und finanzpolitische Überblick verlorengegangen.

Es scheint der Bundesregierung nicht bewußt zu sein, daß die öffentlichen Hände inzwischen die höchste Staatsquote der Nachkriegszeit beanspruchen. Aber ihre Ansprüche wachsen weiter. Der Finanzminister betreibt eine Mehrwertsteuer-Erhöhung, dabei scheint ihm nicht bewußt, daß er schon jetzt die höchste Abgabenquote der Nachkriegsgeschichte erreicht hat (nur einmal – 1977 nach der ersten Ölpreisexplosion – war sie genauso hoch); dabei verschiebt sich das Schwergewicht zu Lasten der Lohnsteuerzahler und der Verbraucher.

Der Arbeitsminister will gleichzeitig zusätzliche Sozialversicherungsbeiträge (Pflegefallversicherung) einführen. Der Wirtschaftsminister – um Geräusche nie verlegen – hat uns ein halbes Jahr lang Subventionsabbau in zweistelliger Milliardenhöhe vorgegaukelt; tatsächlich werden dieses Jahr ganze dreieinhalb Milliarden Mark an alten Subventionen haushaltswirksam gekürzt, während zugleich die Treuhandanstalt – zum Zweck der Sanierung – sehr viel höhere neue Subventionsoperationen eingeleitet hat.

Die Opposition in Bundesrat und Bundestag erscheint in diesen Fragen gespalten. Die alten Bundesländer, ob schwarz oder rot regiert, blicken mit Besorgnis auf die stetige Verschiebung der öffentlichen Finanzmasse zugunsten des Bundes und zu Lasten von Ländern und Gemeinden, sie denken kaum an größere eigene Einsparungen oder Leistungen zugunsten der neuen Bundesländer. Die Parteien, Fraktionen und parteinahen Stiftungen alimentieren sich inzwischen in Milliardenhöhe aus öffentlichen Kassen. Die westdeutschen Tarifpartner scheinen angesichts des ostdeutschen Nachholbedarfs den Maßstab der ökonomischen Vernunft zu verlieren.

Es bleibt die Bundesbank. Sie hat die Bundesregierung dazu gedrängt, in Maastricht so hohe Bedingungen für den Eintritt eines EG-Mitgliedsstaates in die zukünftige Währungsunion durchzusetzen, daß Deutschland selbst sie gegenwärtig nicht erfüllen könnte. Nachdem ihre binnenwirtschaftlichen Ermahnungen an die Adresse Bonns ohne Erfolg blieben, hat die Bundesbank inzwischen die höchsten Zinsen der Nachkriegszeit verordnet – ein Schuß vor den Bug auch der Tarifparteien, zugleich ein Schuß vor den Bug der ohnehin abflauenden Konjunktur. Und ein erhebliches Ärgernis für fast alle anderen EG-Mitgliedsstaaten, die unter dem Druck deutscher Hochzinsen die Wahl haben, entweder ihre Währung innerhalb des Europäischen Währungssystems (EWS) abzuwerten oder die Beeinträchtigung ihrer eigenen Konjunktur hinzunehmen. Wer aber will die Frankfurter Bundesbank tadeln, wenn doch die Ursachen und der Kern des Übels in Bonn gesucht werden müssen?

Die Vereinigung der beiden deutschen Staaten hat die Voraussetzungen für eine gesunde Finanzpolitik wesentlich beeinträchtigt. Daß unsere politische Klasse im Frühjahr und Sommer 1990 einige Monate gebraucht hat, ehe sie sich ein Bild von den künftigen Notwendigkeiten machen konnte, war noch legitim. Daß sie sich auch gegen Ende jenes Jahres und während des ganzen Jahres 1991 nicht zu einem einigermaßen klaren Konzept hat durchringen können, beruhte zum Teil auf dilettantischer Beschränktheit der Urteilskraft, zum größeren Teil aber auf Opportunismus – zwei harte Vorwürfe, welche die Parallele zur Finanzpolitik der amerikanischen Politiker bekräftigen.

Zwar hatte der sozialdemokratische Kanzlerkandidat als erster die zu erwartenden Finanzlasten ins Visier genommen; aber weil er dabei den Eindruck nicht vermeiden konnte, als scheue er diese Lasten, verlor er Ende 1990 die Bundestagswahl. Der regierende Kanzler gewann die Wahl, weil er – wider seine eigene, inzwischen gewonnene Einsicht – den Eindruck erwecken konnte, die notwendigen Belastungen seien quasi aus der Portokasse zu finanzieren. Seither ist mehr als ein Jahr vergangen, aber die finanzökonomische Unsicherheit dauert an.

Im ersten Jahr der neuen Bonner Legislaturperiode wurde in den neuen Ländern ein Anteil von etwa sieben Prozent des gesamtdeutschen Bruttosozialproduktes (BSP) erzeugt, in den alten Ländern etwa 93 Prozent; das heißt: Pro Kopf erwirtschafteten die neuen Länder weniger als ein Drittel der Leistung pro Kopf im Westen. Allerdings wurde der Lebensstandard der Einwohner im Osten ganz wesentlich durch öffentliche und private Transfers aufgebessert, er liegt heute um mehr als die Hälfte höher als zuletzt unter Erich Honecker. 1992 wird in den neuen Bundesländern – nach zwei Jahren katastrophaler Schrumpfung – erstmalig ein beträchtliches Wirtschaftswachstum erwartet, zehn Prozent wären kein Wunder. Allerdings steigt nicht nur die Produktivität, sondern auch die Arbeitslosigkeit.

Wer bis an das Ende dieses Jahrhunderts denkt, der muß wissen: Sofern wir in dieser Zeit in Westdeutschland ein Wachstum von durchschnittlich zwei Prozent des BSP erreichen sollten, würde eine volle Angleichung der Leistung zwischen alten und neuen Ländern in Ostdeutschland ein jährliches Wachstum von über siebzehn Prozent notwendig machen. Über die Dauer unseres Jahrzehnts erscheint ein solch exorbitantes Wachstum aber als unmöglich. Deshalb muß es während der neunziger Jahre bei gewaltigen öffentlichen und privaten Transfers zugunsten von Wirtschaft und Gesellschaft in den neuen Ländern bleiben, wenn denn dort wenigstens der Lebensstandard bis zum Jahre 2000 einigermaßen angeglichen werden soll. (Die Angleichung des Wohnstandards wird ohnehin ein halbes Jahrhundert dauern.)

Daraus ergibt sich, daß in Westdeutschland in nächster Zeit keinerlei reale Spielräume zur Verteilung bleiben. Die westdeutschen Tarifparteien haben leider in den vergangenen Wochen auf beiden Seiten durch die Qualität ihrer Argumente erkennen lassen, daß sie sich dieser Situation einstweilen nicht bewußt werden wollen. Auch die Bundesregierung will sich ihrer Lage nicht anbequemen.

Von politischer oder moralischer Führung ist nichts zu erkennen. Sofern die Bundesregierung auf ihren bisherigen Kursen weiterfahren sollte, müßten wir illusionistische Verteilungskämpfe, weiterhin sehr hohe kurz- und langfristige Zinsen und schließlich soziale Unruhe befürchten.

Die Bundesregierung muß eine volkswirtschaftliche und finanzökonomische Gesamtbilanz aufmachen und vorlegen, wenn wir nicht in eine Situation à la Maxwell geraten sollen. Der zukünftige Kurs kann nicht festgelegt werden ohne vorherige Klärung und Offenlegung der heutigen Ausgangslage und deren inhärenten Trends, quasi eine nachgeholte Eröffnungsbilanz des vereinigten Deutschland. Dafür sind der Bundeshaushalt, die Schatten- und Nebenhaushalte des Bundes sowie die Haushalte von Ländern und Gemeinden zu integrieren. Wer die letzte mittelfristige Finanzplanung zur Hand hat, kann zu den in der folgenden Tabelle errechneten Verschuldungsziffern gelangen (sofern das Bundesfinanzministerium mit einzelnen Zahlen nicht einverstanden sein sollte, ist es zur Korrektur herzlich eingeladen).

Öffentliche Verschuldung in Mrd. DM

	Ende 1982 (nur alte Bundesrepublik)	Ende 1991 (vereinigtes Deutschland)	Ende 1995 (vereinigtes Deutschland)
Bund	308	601	745
Alte Länder	187	345	410
Gemeinden West	97	119	130
Neue Länder	–	7	110
Gemeinden Ost	–	10	55
Bahn und Post	77	140	265
ERP	5	18	45
Fonds Deutsche Einheit	–	50	95
Kreditabwicklungsfonds	–	30	110
Treuhandanstalt	–	25	160
Altschulden der Treuhandanstalt	–	70	70
Altschulden DDR-Wohnungssektor	–	43	60
Öffentliche Verschuldung insgesamt	675	1458	2255
Zinsausgaben insgesamt pro Jahr	50	103	170
Öffentl. Verschuldung pro Einwohner in DM	10 950	18 340	28 400
Öffentl. Zinsausgaben pro Einwohner in DM	818	1296	2170

Man erkennt auf den ersten Blick das ungeheure, absolut und prozentual zunehmende Gewicht der fünf neuen Nebenhaushalte. Sie sollten in jedem kommenden Haushaltsjahr in das Bundeshaushaltsgesetz konsolidiert werden, um endlich wieder einen klaren Überblick zu ermöglichen.

Der für 1995 erwartete hohe Gesamtschuldenstand des öffentlichen Sektors um etwa zweieinviertel Billionen Mark muß an sich nicht unbedingt erschrecken, wenngleich auch in den darauffolgenden Jahren weitere hohe Schuldaufnahmen unvermeidlich werden. Ebenso erscheinen 1995 die öffentliche Verschuldung pro Einwohner der Bundesrepublik mit 28 400 Mark und die öffentlichen Zinsausgaben pro Einwohner mit 2170 Mark an sich noch als erträglich, wenn man die gewaltige Aufgabe der Zusammenfügung der völlig verschiedenartigen Wirtschaftssysteme der DDR und der Bundesrepublik bedenkt.

Jedoch gibt es zwei Gründe für große Besorgnis: Zum einen kann die deutsche Ersparnisbildung von der enormen Anleihetätigkeit der öffentlichen Hände überfordert werden; die Folgen wären noch höhere langfristige Zinsen, noch teurere Hypotheken (mit bösen Konsequenzen für den dringend nötigen Wohnungsbau) und weiterer Abbau deutscher Auslandsvermögen durch Netto-Kapitalimport. Zum anderen schließt die Vorschau auf die Zunahme der Verschuldung weder größere binnenwirtschaftliche noch weltwirtschaftliche noch weltpolitische Risiken ein. Von diesen Risiken soll noch die Rede sein.

Zuvor jedoch muß für die unmittelbare Zukunft festgehalten werden: Die laufenden öffentlichen Transferzahlungen in die ehemalige DDR betrugen 1991 rund 130 bis 140 Milliarden Mark, das heißt pro Einwohner der neuen Bundesländer etwa 8000 Mark; diese Zahlungen werden 1992 voraussichtlich um 20 bis 30 Milliarden Mark höher sein; von bloßer «Anschubfinanzierung» kann keine Rede sein.

Insgesamt werden die öffentlichen Hände 1992 etwa 200 Milliarden Mark an neuen Krediten aufnehmen, 33 Prozent mehr als im Vorjahr. Der Staat wird 1992 allein durch seine Kreditaufnahmen mindestens deutlich mehr als drei Prozent des Bruttosozialproduktes in Anspruch nehmen (Ende des Jahres hat die Bundesbank sogar weit über vier Prozent des BSP geschätzt).

Aber alle obengenannten Zahlen beruhen auf Schönwetterprognosen. Sie unterstellen einen relativ günstigen Verlauf sowohl der Welt- als auch der deutschen Konjunktur. Sie enthalten keinerlei Reserven für unerwartet ungünstige Ereignisse wirtschaftlicher oder politischer Natur.

Allein hinsichtlich der innerdeutschen Risiken müssen die folgenden Aspekte gesehen werden:

- Der Aufschwung in der alten DDR dauert wesentlich länger als vom Bundeskanzler immer wieder verkündet, weil die staatlichen Transfers weit überwiegend in den Konsum (allein 35 Milliarden Mark in die Arbeitsmarktpolitik), nicht aber in die Investition gehen und weil die Privatinvestitionen in den neuen Ländern noch unterhalb des gesamtdeutschen Durchschnitts liegen.
- Eine politisch erzwungene Verschiebung der Aufgaben der Treuhandanstalt von Privatisierung zu Sanierung der Unternehmen oder bloßer Aufrechterhaltung durch Subventionen kann erheblich teurer werden als bisher unterstellt. Die von der Treuhand gegebenen Bürgschaften können in größerem Umfang fällig werden als bisher geschätzt.
- Die dringend notwendige ökologische Sanierung der Ex-DDR kann sehr schnell bisher nicht kalkulierte Ausgaben erzwingen.

Die Modernisierung von Teilen der maroden Verkehrsinfrastruktur der DDR kann sich als so vordringlich erweisen, daß der dafür notwendige Investitionsaufwand von Bahn und Post sowie für Straßen-, Wasser- und Flughafenbau den bisher vorgesehenen Kreditbedarf überschreitet.

– Der Umzug von Bundestag und Bundesregierung nach Berlin ist in seinen bisherigen Haushaltsansätzen gröblich unterschätzt, auch hinsichtlich des nötigen Wohnungsbaus.

– Geldentschädigungen für in der DDR enteignete Eigentümer erscheinen ebenfalls unterschätzt.

– Schließlich ist das Risiko des Bundes aus den Hermes-Bürgschaften zugunsten deutscher Unternehmen, die in die bisherige Sowjetunion und nach Osteuropa exportiert haben, wahrscheinlich erheblich zu niedrig eingeschätzt (allein gegenüber der Sowjetunion sind Hermes-Deckungen in Höhe von 26 Milliarden Mark gegenwärtig notleidend).

Überdies sind außenwirtschaftliche und außenpolitische Risiken in den nächsten Jahren nicht auszuschließen. Konflikte innerhalb der früheren Sowjetunion können erhebliche Belastungen für uns mit sich bringen – auch der weit entfernte Golfkrieg hat uns große Summen gekostet; ähnliches kann auf der Balkanhalbinsel oder abermals im Mittleren Osten eintreten.

Jedenfalls werden wir unseren moralischen Pflichten zur Nachbarschaftshilfe für einige der Nachfolgestaaten der Sowjetunion und Jugoslawiens entsprechen müssen. Dies gilt um so mehr für Ungarn, die ČSFR und Polen. Jede Erweiterung der Europäischen Gemeinschaft um neue Mitgliedstaaten – die wir wollen müssen – wird uns Geld kosten. Zu alledem kommen Risiken für unsere Exporte, sofern die Vereinigten Staaten das Gatt-Prinzip des Freihandels teilweise zugunsten eines Quoten-Kuhhandels mit Japan und mit der EG aufgeben sollten – ausgeschlossen erscheint dies keineswegs.

Die Bundesrepublik hat auch früher schon unerwartete Gefährdungen unserer außenwirtschaftlichen Flanken erfolgreich überstanden. Wir haben in den siebziger Jahren die schwere Erschütterung durch den Zusammenbruch des Bretton-Woods-Systems, fester Dollar-Wechselkurse und infolgedessen der Aufwertung der D-Mark sehr gut abgewettert; wir haben auch die beiden Ölpreisexplosionen hinsichtlich ihrer Wirkungen auf Preisanstieg, Arbeitslosigkeit und öffentliche Finanzen besser überstanden als die anderen EG-Staaten, die gleich uns keine eigenen Ölquellen besitzen.

Die deutsche Wirtschaftsgesellschaft konnte solche von Bonn nicht zu verantwortenden Ereignisse deshalb für sich selbst zum Guten wenden, weil sie sozialökonomisch im Kern gesund, anpassungswillig und leistungsfähig war: Sozialer Ausgleich und soziale Sicherheit waren gut gegründet; beide Tarifpartner hatten ökonomisches Augenmaß; der Wettbewerb funktionierte; die Tore zur Europäischen Gemeinschaft wie auch zur Weltwirtschaft waren immer offen gewesen und hatten jedermann an laufende Zwänge zur Anpassung gewöhnt; Sparrate und unternehmerische Kapitalbildung lagen relativ hoch; die öffentlichen Finanzen waren in solider Verfassung; die Bundesbank konnte durch ihre unabhängige Politik der knappen Geldversorgung den Preisanstieg in relativ engen Grenzen halten; das Vertrauen der Welt in die deutsche Volkswirtschaft war ungewöhnlich groß – am liebsten wollte man sie zur Lokomotive der Weltwirtschaft machen.

Sicher gab es auch einzelne Ausnahmen und Vertrauensdefizite, sie reichten Anfang der achtziger Jahre von akademischen Jungsozialisten bis zum damaligen FDP-Wirtschaftsminister (auch er war immer gut für Geräusche); alles in allem jedoch gab es bei vernünftig Urteilenden im In- und Ausland keine Zweifel über die Solidität unserer ökonomischen Situation.

Es müßte auch heute, 1992, keine solchen Zweifel geben; denn auch heute sind vier Fünftel unserer Wirtschaftsgesellschaft (und gut neun Zehntel unseres Sozialproduktes) im Kern gesund, weil wir Deutschen anpassungswillig und leistungsfähig sind. Es müßte mit dem Teufel zugehen, wenn es uns nicht zügig gelänge, auch die Wirtschaft in den neuen Ländern auf die Produktivität, die Qualität und den Lebensstandard des alten Kerns der Bundesrepublik zu heben, ohne dabei den Kern anzukränkeln.

Gefährdungen des gesunden Kerns gehen gegenwärtig nicht allein von der Finanzwirtschaft aus, sondern auch von den Haupthindernissen für die Investitionen in den neuen Bundesländern, nämlich von der lähmenden Unhandhabbarkeit der gesetzlichen Vermögensregelungen und von der gesetzlichen Fehlkonstruktion der Treuhandanstalt, die außerdem mit widersprüchlichen Aufgaben (sicherlich nicht die Schuld von Birgit Breuel) überlastet wurde, sowie schließlich von der Tariflohnentwicklung der vergangenen Woche, welche auf die Angleichung des Lebensstandards in den neuen Ländern nicht ausreichend Rücksicht genommen hat. Auf allen diesen vier Feldern sollte 1992 zugleich angepackt werden, zumal der Bundestagswahlkampf 1994 noch weit genug entfernt ist.

Damit die Bonner Regierung den Prozeß wieder in die Hand bekommt, muß sie zunächst selbst vorbildlich und beispielgebend handeln.

Erstens: Sie sollte einen alle öffentlichen Hände einbeziehenden finanziellen Status vorlegen, nicht nur für 1992, sondern auch die Erwartungen für die Folgejahre. Dabei sollte sie demonstrativ auf die Produktion des Jägers 90 und auf eine Reihe weiterer militärischer Beschaffungen verzichten. Sie sollte eine konkrete Liste der 1992 vom Bundestag zu beschließenden Kürzungen von Ausgaben und Subventionen als Gesetzentwurf vorlegen. Sie sollte das Inkrafttreten der Pflegefallzwangsversicherung und der Beiträge dazu auf 1997 oder später verschieben. Sie sollte verbindlich erklären, daß sie in der gegenwärtigen Legislaturperiode keine Erhöhungen der indirekten Steuern oder zusätzliche Sozialbeiträge beabsichtigt.

Auf solche Vorleistungen psychologisch gestützt, kann die Bundesregierung verlangen und erwarten, daß der Bundestag, die Länder, die Spitzenverbände der Unternehmen und Banken und die Tarifpartner ihrerseits zur Solidarität der Westdeutschen mit den Ostdeutschen konkret beitragen – Karl Schiller würde ein solches Programm vielleicht konzertierte gesamtdeutsche Aktion genannt haben.

Zweitens: Dem Bundestag ist eine abermalige Novelle zum Vermögensgesetz vorzuschlagen und der Entwurf dazu noch vor der Sommerpause vorzulegen. Dessen Ziele sind der klare Vorrang der Veräußerung von Grund und Boden und Gebäuden an gewerbliche Erwerber, die sich zur Investition verpflichten, klarer Nachrang für Rückerstattungsansprüche, deren Befriedigung auf den Weg der finanziellen Entschädigung und auf das nächste Jahrzehnt verwiesen wird – Ausnahme für Ein- und Zweifamilienhäuser.

Die Verfügungsgewalt über alle Grundstücke und Gebäude, soweit sie nicht gewerblich oder industriell genutzt werden und Betriebseigentum sind, geht auf die Regierungen der neuen Länder und Berlins über; Ausnahmen zugunsten von Bahn, Post, Bundeswehr sind in einer Positivliste namentlich zu limitieren. Die abschließende Verfügungsgewalt über betriebseigene Grundstücke geht voll auf die Treuhand über (damit der Justizminister die Notwendigkeit solcher Regelungen begreift, ist ihm eine achtwöchige Hospitantenrolle im Vorzimmer von Kurt Biedenkopf oder Birgit Breuel zu empfehlen).

Drittens: Der industriepolitische Auftrag der Treuhand wird gesetzlich auf Privatisierung konzentriert. Zugleich wird die Treuhand in sechs Töchter untergliedert, jeweils eine in jedem betroffenen Bundesland (statt bisher fünfzehn Außenstellen). Die Töchter unterliegen einem allgemeinen Weisungsrecht der Treuhandanstalt, sie werden auf Zusammenarbeit mit der Landesregierung angewiesen; lediglich oberhalb gesetzlich zu fixierender finanzieller Obergrenzen des Einzelfalles verbleibt die Entscheidungsgewalt bei der Zentrale.

Viertens: Die Spitzenverbände der Unternehmenswirtschaft werden zur Selbstverpflichtung auf regional überproportionale Investitionstätigkeit und Auftragsvergabe ihrer Mitglieder zugunsten der neuen Länder einladen. Die Mitglieder werden gleichzeitig dringend dazu aufgefordert, während der Laufzeit des Programms Vorstandsgehälter und Tantiemen nicht zu erhöhen.

Fünftens: Die Spitzenverbände der Arbeitgeber und der Arbeitnehmer bekräftigen das Ziel, bis Ende 1994 das Niveau der Tariflöhne in Ostdeutschland dem westdeutschen Niveau anzugleichen. Sie anerkennen, daß dieses Ziel, ohne dadurch im Osten zusätzliche Arbeitslosigkeit auszulösen, nur dann erreicht werden kann, wenn bis dahin in Westdeutschland auf reale Tariflohnzuwächse verzichtet wird. Deshalb verpflichten sie sich, in den Jahren 1992, 1993 und 1994 den westdeutschen Tariflohnanstieg auf den Ausgleich der Inflationsrate zu beschränken.

Sechstens: Auch die alten Länder und ihre Städte und Gemeinden müssen Opfer bringen. Keineswegs aber können ihre Anteile am öffentlichen Finanzkuchen während der Laufzeit der konzertierten gesamtdeutschen Operation gesteigert werden.

Der mögliche Einfluß der Opposition auf die sozialökonomische Entwicklung ist naturgemäß begrenzt; ihre Hauptverantwortung liegt in der Gewährleistung des glaubwürdigen Angebots einer anderen Bundesregierung, welche die enormen ökonomischen und sozialen Aufgaben in Deutschland besser lösen kann als die bisherige Bonner Koalition. Solche Glaubwürdigkeit wird für die große Masse der arbeitenden Menschen nur in relativ geringem Maße durch papierene Programme oder Theorien für eine bessere Zukunft hergestellt, auch nicht durch lamentierende Schwarzmalerei.

Viel wirksamer ist der persönliche Faktor der Verläßlichkeit der führenden Politiker der Opposition, ihrer fachlichen Kompetenz zur Lösung der aktuellen sozialökonomischen Aufgaben – und ihrer weitgehenden Übereinstimmung und Geschlossenheit untereinander. Eine Orientierung an den Beispielen der Gruppe Brandt, Erler, Carlo Schmid und Wehner in den sechziger Jahren und der für jedermann von außen erkennbaren fachlichen Fähigkeiten etwa Alex Möllers oder Karl Schillers wäre der Aufgabenerfüllung der Opposition nützlicher als ihr bisheriger öffentlicher Hickhack über Asylpolitik, Blauhelme und Mehrwertsteuer oder über den Kandidaten für das Amt des Kanzlers.

Je mehr die Opposition öffentlich einleuchtend darauf drängt, daß die Regierung ihr eigenes Haus finanzwirtschaftlich in Ordnung und daß sie in gesamtdeutscher Solidarität eine konzertierte Aktion aller Kräfte zustande bringt, um so glaubwürdiger kann die Opposition werden – und zugleich würde sie mit solchem Drängen dem Gemeinwohl dienen. Denn ein zügiger Aufschwung im Osten Deutschlands durch westdeutsche Solidarität sichert ja die gegenwärtig gefährdete wirtschaftliche und politische Zukunft *auch* der Westdeutschen.

Kohl hat 1990 die außenpolitische Schwäche der Sowjetunion und ihren Kapitalbedarf zur Vereinigung der beiden deutschen Staaten genutzt, das bleibt sein Verdienst, ebenso die deutsche Währungsunion und die Einbeziehung der DDR in den Gemeinsamen Markt der EG. Im Vollzug dieser drei richtigen politischen Grundentscheidungen sind ihm ökonomisch größte Fehler und Versäumnisse unterlaufen, von dem zu hohen Umtausch-Wechselkurs für Guthaben von Ost-Mark in D-Mark, der Übernahme

100

der Treuhandkonstruktion des SED-Ministerpräsidenten Hans Modrow bis zur Unterlassung massiver Investitionsprogramme zwecks Aufsaugens der unvermeidlich zu erwartenden hohen Arbeitslosigkeit. Sein größter Fehler war sein illusionistischer wirtschaftlicher Optimismus – oder Opportunismus, der die oben genannten Gefahren und in Ost und West Enttäuschungen nebst Ressentiments verursacht hat. Wer allerdings in der heutigen Lage statt dessen in Pessimismus verfiele, der wäre deshalb keineswegs klüger.

Gewiß: Die Lage ist schwierig, sie ist unnötig schwieriger gemacht worden, als sie hätte sein können. Deshalb dürfen wir heute nicht abermals alle Warnungen in den Wind schlagen, abermals alle Risiken mißachten, abermals Sachverstand und Entscheidungskraft durch Opportunismus ersetzen und damit abermals dem schlechten amerikanischen Beispiel folgen. Denn im Kern ist die Nation und ihre Wirtschaft gesund, sie kann eine erhebliche Anspannung vertragen, wenn man ihr nur die Wahrheit sagt. Noch immer ist es möglich, zu Beginn des nächsten Jahrzehnts eine wesentliche Angleichung von Produktivität und realem Lebensstandard in West und Ost zu erreichen.

Die sieben Kardinalfehler
der Wiedervereinigung

Februar 1993

Nein – so haben wir uns die Vereinigung unseres Volkes wirklich nicht vorgestellt. Nicht am 9. November 1989, nicht am 3. Oktober 1990. Und ich will mir die Vereinigung auch heute so nicht vorstellen!

In der ersten Novemberwoche des Jahres 1989 waren meine Frau und ich in Sachsen gewesen, wir haben – wie immer durch Manfred Stolpes leise Vermittlung – mit vielen Frauen und Männern der Kirche über die Lage gesprochen, über die Möglichkeiten, wieder zur Einheit der Nation zu gelangen, und über unsere damit verbundenen Hoffnungen. Wir haben auch über Sorgen und Ängste miteinander geredet. Wir waren besorgt, daß die in Leipzig und Berlin unmittelbar bevorstehenden großen Demonstrationen einen sowjetischen Befehlshaber, einen Volksarmee-General oder einen Stasi-Obersten zum Eingreifen mit Waffen verführen könnten. Nach unserem Empfinden lag in Sachsen und am nächsten Tag in Ost-Berlin eine ungeheure Spannung in der Luft: Die Menschen wollten endlich ihre Freiheit, sie wollten endlich die Einheit. Sie wollten auf keinen Fall Gewalt anwenden – aber niemand von uns konnte die Frage beantworten, ob auch der Gegner auf Gewalt verzichten würde.

Wenige Tage später geschah, was ich seit Jahrzehnten erhofft hatte: Die Mauer fiel. Die Berliner lagen sich jubelnd und weinend in den Armen. Und es war kein einziger Schuß gefallen. Ich werde diesen Tag niemals vergessen. Denn mich ergriff eine tiefe Freude, wie ich sie in meinem Leben nur ein einziges Mal erlebt habe: beim Wiedersehen mit meiner Frau bei meinen Eltern nach der Rückkehr aus der Kriegsgefangenschaft. Hunderttausende bisher getrennte Berliner Familien lagen sich in den Armen. Millionen und Abermillionen Deutsche auf beiden Seiten der Mauer, Hunderte Millionen Menschen in der ganzen Welt haben in jener Nacht unsere Freude geteilt.

Mir war am nächsten Morgen klar, daß es nun zur Vereinigung der Deutschen kommen würde. Würde es ein langwieriger Prozeß werden oder ein Erdrutsch? Es waren große internationale Probleme zu lösen, vor allem mit Moskau, aber auch mit den westlichen Siegermächten des Zweiten Weltkrieges. Es waren enorme innerdeutsche Aufgaben zu lösen, rechtliche, wirtschaftliche, soziale und finanzielle Aufgaben. Wie auch immer der weitere Ablauf sich gestalten würde, am Ende jedenfalls würden wir die Einheit erreichen – sie war schon in Sicht.

An einem jener Tage habe ich zu meinen Kollegen in der Redaktion der ZEIT gesagt: Jetzt muß der Bundeskanzler eine Blut-, Schweiß- und Tränenrede an das deutsche Volk richten. Natürlich war das nicht wörtlich gemeint. Jeder verstand die geschichtliche Parallele zu Winston Churchills Appell im Mai 1940, mit dem er England zu einer ganz ungewöhnlichen Anstrengung und zu großen Opfern aufgerufen hat, und der Aufruf dieses großen Staatsmannes hatte Erfolg. In unserem Fall war im November 1989 klar: Wir Deutschen im Westen würden eine ganz ungewöhnliche Anstrengung nötig haben, wir würden Opfer zu bringen haben; und die Deutschen im Osten würden viel Geduld brauchen. Leider hat Helmut Kohl keinen solchen Appell an die Nation gerichtet. Er wäre damals auf große Bereitschaft und Zustimmung gestoßen.

Ich selbst war über dieses Versäumnis enttäuscht. Aber ich habe mich damals mit der Überlegung getröstet, dahinter stecke wahrscheinlich die Abwägung der Bundesregierung, in jenem frühen Stadium die Bereitschaft der vier Siegermächte zur Mitwirkung beim Vereinigungsprozeß nicht zu überfordern, und der Appell werde deshalb später ausgesprochen werden. Tatsächlich aber hat Kohl auch am Tag der Vereinigung und danach niemals einen solchen Appell ausgesprochen. Die notwendigen Wahrheiten wurden verschwiegen. Schlimmer noch: Kohl und seine Minister haben in ungezählten Reden in beiden Teilen des Vaterlandes optimistische Illusionen erzeugt. Den Ostdeutschen wurde viele Male versprochen, «in kurzer Zeit ein blühendes Land zu schaffen», «eine blühende Landschaft»; und Kohl versicherte ihnen am Vorabend der staatsrechtlichen Vereinigung in einer in ganz Deutschland ausgestrahlten Fernsehansprache: «Noch nie waren wir besser vorbereitet als jetzt, die wirtschaftlichen Aufgaben der Wiedervereinigung zu meistern.» Den Westdeutschen wurde damals viele Male versprochen, die Einheit werde keine Opfer und keine Steuererhöhungen verlangen; Kohl selbst wörtlich im Fernsehen: «Wir machen auf keinen Fall Steuererhöhungen.»

Natürlich waren all diese Versprechungen auf die Bundestagswahl im Dezember 1990 gezielt, natürlich haben CDU, CSU und FDP sich kräftig daran beteiligt. Es ist nur schwer denkbar, daß die Regierenden in Bonn eine Zeitlang all diese Erklärungen für wahr gehalten haben, ebenso wie Kohls Ankündigung eines «zweiten deutschen Wirtschaftswunders». Jedenfalls war aber spätestens nach Ablauf des ersten Vereinigungsjahres, am Jahresende 1991, geboten gewesen, die Irrtümer einzugestehen und zu korrigieren.

Tatsächlich war die Bundesregierung überhaupt nicht darauf vorbereitet, die Vereinigung wirtschaftlich zu meistern. Sie hat diese gewaltige Aufgabe total unterschätzt. Tatsächlich hat sie die rechtlichen, die wirtschaftlichen und die finanziellen Probleme zunächst nicht verstanden und später sehr lange zu vertuschen versucht. Tatsächlich hat sie inzwischen sechs Steuern und die

Beiträge zur Arbeitslosenversicherung erhöht. Tatsächlich haben inzwischen von 100 Arbeitnehmern in den neuen Bundesländern 55 ihren alten Arbeitsplatz verloren. Tatsächlich wird in den östlichen Bundesländern eine Fabrik nach der anderen, ein Unternehmen nach dem anderen geschlossen. Tatsächlich erlebt man dort einen Umgang mit Grundstücken und Gebäuden im Stile eines orientalischen Basars. Tatsächlich gibt es im Osten vielerlei Ängste: vor Entlassung, vor Mieterhöhung, vor mangelnder Eignung in einem bisher fremden Beruf. Die Menschen waren eine Notgemeinschaft gewohnt, jetzt müssen sie lernen, sich in einer Konkurrenzgesellschaft durchzusetzen.

Der Zusammenbruch der Illusionen hat im Osten – aber auch im Westen – zu tiefen Enttäuschungen geführt. Das Selbstwertgefühl und die Selbstachtung vieler Menschen im Osten sind verletzt. Viele sind dadurch, daß ihnen komplizierte westdeutsche Gesetze, Verordnungen und Verfahren gleichsam über Nacht übergestülpt wurden, überfordert und fühlen sich hilflos ausgeliefert. Viele Ostdeutsche empfinden diejenigen, die ihre Firmen übernommen haben, als überheblich, sie fühlen sich kolonialisiert, von Auswärtigen beherrscht.

Und tatsächlich sind nur allzu viele Westdeutsche gegenüber ihren ostdeutschen Landsleuten von unübersehbarer Arroganz. Sie wehren sich gegen die finanziellen Einbußen, die ihnen inzwischen abverlangt werden und von denen sie wissen, daß sie noch steigen. Manch einer sagt: «Wieso müssen wir etwas abgeben? Schließlich haben wir uns unseren heutigen Lebensstandard in vierzig Jahren hart erarbeitet. Warum haben denn die Ossis sich ihre Mißwirtschaft vierzig Jahre lang gefallen lassen?»

Manch einer im Westen wirft in vollem Ernst seinen ostdeutschen Landsleuten vor, daß sie sich der kommunistischen Diktatur angepaßt hätten, um unbehelligt zu bleiben – als ob diese

Westdeutschen selbst (oder ihre Eltern) Widerstandskämpfer gegen die Nazi-Diktatur gewesen wären und nun ein Gleiches von anderen verlangen könnten. Tatsächlich haben die ostdeutschen Landsleute Hitlers Krieg auf viel schlimmere Weise, in viel größerem Ausmaß verloren als die Westdeutschen. Die letzteren haben zwölf Jahre Diktatur ertragen müssen, die ersteren aber von 1933 bis 1989 – mehr als ein halbes Jahrhundert.

Die Westdeutschen verdanken ihre persönlichen Freiheiten und ihren wirtschaftlichen Aufstieg seit 1949 nur zum Teil ihrer eigenen Anstrengung; denn ohne die kluge Vorsorge der Amerikaner, Franzosen und Engländer, ohne deren Verteidigungsbereitschaft gegen den Imperialismus Stalins, Chruschtschows und Breschnews hätten Anstrengungen und Arbeit der Westdeutschen kaum Erfolg haben können. Konrad Adenauer, Jakob Kaiser und Ludwig Erhard, Kurt Schumacher, Ernst Reuter und Hans Böckler, Theodor Heuss und alle die Frauen und Männer, die nach Kriegsende in Westdeutschland geistige, moralische und politische Führung ausgeübt haben, hätten ohne den Schutz und die Hilfe der westlichen Siegermächte nicht viel ausrichten können. Ulbricht war ein Statthalter der Besatzungsmacht; Honecker, der unter Hitler lange Jahre im Zuchthaus verbracht hatte, empfand am Ende etwas nationaler. Beide waren keine Vorbilder, ihre Führung bestand letztlich in Diktat, Stasi und Volkspolizei.

Wer aber verfügt heute über geistige und moralische Autorität in Deutschland? Die Kirchen sind längst leer; Eltern und Schule haben ihre Erziehungsaufgabe weitgehend an die Fernseh- und Video-Industrien abgetreten. Die Hochschulen haben sich zunehmend auf die Vermittlung von Fachwissen beschränkt. Einige Schriftsteller und einige Zeitungen bemühen sich, Orientierung zu geben; aber ihr Einfluß war noch nie sehr groß – auch die Breitenwirkung Goethes, Schillers, Heinrich Heines oder Thomas

Manns trat erst nach ihrem Tode ein. Bleiben die Politiker: Geht von ihnen geistige Führung aus? Darauf kann man antworten, daß dies nicht ihre Berufung ist. Geben sie ein Beispiel sauberer Moral? Man muß das leider verneinen: eher das Gegenteil, wenngleich es viele Ausnahmen gibt.

Unser Volk ist heute insgesamt, was geistige, moralische und politische Führung betrifft, nicht eben verwöhnt. Bisweilen eine große Rede oder ein Buch von Richard von Weizsäcker, bisweilen ein kluger Kommentar in der Zeitung, bisweilen ein informativer Aufsatz von Kurt Biedenkopf oder Wolfgang Thierse. Im Bundestag fehlen uns die großen Moralisten, wie wir sie in den fünfziger und sechziger Jahren gekannt haben: Peter Nellen, Hans Dichgans, Thomas Dehler, Gustav Heinemann oder Adolf Arndt, die alle zugleich auch politische Wegweiser gewesen sind. Politiker vom hinreißenden Bildungsreichtum Carlo Schmids fehlen ebenso wie Menschen von knorriger Eigenständigkeit wie Herbert Wehner oder auch Franz Josef Strauß. Natürlich konnte man sich nicht gleichzeitig nach ihnen allen richten. Aber weil jeder von ihnen Substanz zu bieten hatte, weil jeder eine andere, nämlich seine eigene Substanz bot, konnte man zwischen den Angeboten abwägen und zu eigenem Urteil gelangen.

Heute wird uns ein taktisches Potpourri geboten, und zwischen Mittelmaß und Mittelmaß gibt es wenig abzuwägen. Im Vereinigungsjahr 1990 hat, als einer der wenigen der herausragenden Politiker, der damalige sozialdemokratische Kanzlerkandidat die bevorstehenden wirtschaftlichen Probleme in ihrem ganzen Ausmaß erkannt und sie auch in seinen öffentlichen Reden benannt. Aber gleichzeitig ließ Lafontaine den Eindruck aufkommen, daß er die Vereinigung gar nicht wollte. Deshalb ging auch von ihm keine Führung aus.

So ist also unser Volk in einen Zustand geraten, in dem sich Ängste und Weinerlichkeit mischen mit Gleichgültigkeit und

Oberflächlichkeit, schlimmer noch: auch mit Raffgier und hemmungslosem Streben nach persönlichem Gewinn. Um der neuen Zinsabschlagsteuer zu entgehen, sind bis Ende des Jahres 1992 Privatvermögen in Höhe von 60 Milliarden DM aus Deutschland ins Ausland – vornehmlich nach Luxemburg – geschafft worden. Ein anderes Symptom der Raffgesellschaft ist es, wenn mit erheblichen Summen in Optionen auf Wertpapiere oder fremde Währungen spekuliert wird. Unter dem Strich sind in der Regel allein unsere Banken die Gewinner. Die kleinen Leute können sich an dergleichen nicht beteiligen; dafür erwarten sie von ihrer Gewerkschaft, möglichst hohe Lohnansprüche durchzusetzen; daß überhöhte Lohntarifverträge bei der heutigen Auftrags-, Absatz- und Gewinnsituation unserer Unternehmen im Ergebnis die ohnehin hohe Arbeitslosigkeit noch steigern, und zwar im Osten wie im Westen, das ist den meisten nicht bewußt.

Kaum einer will opfern, aber fast jeder will mehr haben. Haben, haben, haben. Und behalten! Fast jedermann scheint nur an sich selbst zu denken – infolgedessen werden wir alle einander immer fremder. Viele Deutsche waren einander näher, jedenfalls in Gedanken, als die Mauer uns trennte. Die res publica, das öffentliche Wohl, Gemeinwohl und Gemeinsinn – diese Begriffe schwinden langsam aus dem Bewußtsein. Aber für Millionen Deutsche im Osten des Vaterlandes schwinden die Hoffnungen.

Dies soll ein blühendes Land sein? Nein – so haben wir uns die Vereinigung unseres Volkes wirklich nicht vorgestellt!

Ursachen der Fehleinschätzung

Wer sich fragt, wie und warum es zu der leichtfertigen Unterschätzung der Vereinigungsaufgaben durch die Regierung Kohl/Genscher und durch das nachfolgende Gespann Kohl/Möllemann kommen konnte, der muß – wenn er denn fair und gerecht sein will – eine klare Feststellung vorwegschicken.

Noch tief bis ins Jahr 1989 hinein, noch bis in den Herbst hat die Bundesregierung nicht wirklich mit der Möglichkeit zur Wiedervereinigung gerechnet. Sie hat dafür auch keine Pläne entwickelt. Es ist Kohls Verdienst, die gegen Ende jenes Jahres und im Laufe des ersten Halbjahres 1990 sich eröffnende Chance erkannt und in mehreren Schritten genutzt zu haben: durch den Vertrag über die Währungs-, Wirtschafts- und Sozialunion vom 18. Mai 1990, durch den Einigungsvertrag vom 31. August 1990 (Inkrafttreten am 3. Oktober) und durch den sogenannten Zwei-plus-Vier-Vertrag vom 12. September 1990 über die abschließende Regelung in bezug auf Deutschland zwischen den beiden deutschen Staaten, den USA, Großbritannien, Frankreich und der Sowjetunion.

Der zuletzt genannte Vertrag ist relativ kurz und augenscheinlich fehlerfrei. Die erstgenannten beiden Verträge sind außerordentlich umfangreich, sie gehen vielfach ins Detail; da sie unter ungewöhnlichem Zeitdruck erarbeitet wurden, enthalten sie allein schon deshalb eine Reihe von fehlerhaften Bestimmungen. Die Eile des ganzen Verfahrens hat überdies eine sorgfältige Begleitung und Beratung durch Bundestag und Volkskammer unmöglich gemacht. Das Tempo war nur insofern gerechtfertigt, als Bonn und Ost-Berlin davon ausgingen, daß aus außenpolitischen Gründen Eile geboten war, weil sonst die Chance zur Verständigung mit der Sowjetunion wieder verlorengehen konnte. Immerhin ist ja Gorbatschow nicht sehr lange danach aus seinem

Amt an der Spitze der Sowjetunion ausgeschieden, und die Sowjetunion hat sich in viele souveräne Staaten aufgelöst; da wäre ein Vertrag der beiden deutschen Staaten nicht mit nur vier ausländischen Mächten, sondern mit sehr viel mehr internationalen Partnern nötig gewesen, und das wäre schwierig geworden.

Trotz der schwerwiegenden Fehler im Währungs- wie auch im Einigungsvertrag, von denen später in diesem Kapitel noch zu reden ist, war es im Grundsatz selbstverständlich richtig, die Einheit Deutschlands herbeizuführen und die ehemalige DDR nicht nur in das Währungsgebiet der D-Mark, sondern ebenso in den Gemeinsamen Markt der Europäischen Gemeinschaft aufzunehmen. Dies lag im Interesse der Nation und entsprach den lange gehegten Wünschen der Deutschen auf beiden Seiten. Hier liegt ein bleibendes Verdienst des Bundeskanzlers Kohl und seiner damaligen Bundesregierung.

Mit der gleichen Klarheit darf man danach die Feststellung anfügen: Fast alles andere, was Kohl seit dem 3. Oktober 1990 zum Zwecke der Vereinigung unternommen, entschieden oder auf den Weg gebracht hat, war teils falsch, teils fehlerhaft, teils zu zaghaft und teils zu spät. Die vier Jahrzehnte lang voneinander getrennten und gegeneinander abgeschotteten Teile unseres Volkes wieder zusammenzufügen, die sich unter entgegengesetzten Regierungsformen, unter völlig verschiedenen Wirtschafts- und Sozialordnungen, Rechts- und Erziehungssystemen zwangsläufig in sehr verschiedene Richtungen entwickelt hatten, zwei Länder, von denen das eine knapp ein Drittel der Produktivität des anderen erreichte – dieser größten deutschen Herausforderung seit 1945 ist Kohl nicht gewachsen gewesen. Ebensowenig sein Finanzminister Theo Waigel und seine Wirtschaftsminister Helmut Haussmann und Jürgen Möllemann. Die sozialdemokratische Opposition war an den Vertragsverhandlungen nicht beteiligt worden; sie hätte es deshalb sehr schwer gehabt – vielleicht wäre es ihr sogar unmöglich gewesen –, den Vereinigungsplänen der Bundesregierung ein eigenes umfassendes Konzept entgegenzusetzen und der Öffentlichkeit vorzulegen; sie hat sich statt dessen auf Kritik und punktuelle Vorschläge beschränkt.

Deutschland hatte die historisch einmalige Chance, in einer einzigen umfassenden, friedlichen Anstrengung zu einer demokratischen und selbstbewußten, zu einer humanen, mit sich selbst solidarischen Gesellschaft und zugleich zu einer stolzen Nation zusammenzuwachsen. Einmalig, weil weder Bismarck dies gewollt noch die Weimarer Republik es geschafft hat. Die Chance wurde nicht erkannt und nicht genutzt. Es ist denkbar – manche Verhärtungen sprechen dafür –, daß die Chance schon vertan ist.

Aber vielleicht müssen wir noch keineswegs alles verlorengeben. Vielleicht können wir uns moralisch noch aufrichten und dem Rad der deutschen Geschichte in die Speichen greifen. Wer das tun will, wer als Politiker unserem Volk dazu verhelfen will, der muß sich Fritz Erlers Wort zur Richtschnur nehmen, vor einem Vierteljahrhundert ausgesprochen: «Wir sind ein Volk, da trage jeder des anderen Last.» Er muß sich lösen von der Tagestaktik des politischen Geschäfts, von der Versuchung zu nichtssagenden kleinen Fernsehauftritten und Presseinterviews. Er muß sich mit Gleichgesinnten umgeben und mit Fachleuten, um zunächst drei Hauptfragen zu klären.

Diese lauten:

1. Worin liegen die Ursachen dafür, daß wir die Aufgabe bisher unterschätzt haben? Nur wenn man die Ursachen einer Krankheit erkennt, kann man sie kurieren.

2. Welche Fehler haben wir gemacht, welche Unterlassungen begangen? Was ist noch korrigierbar?

3. Was müssen wir konkret tun? Was zuerst? Was an zweiter Stelle – und was später?

Erst wenn ein zur Korrektur entschlossener Politiker in Bonn und die ihm Gleichgesinnten glauben, auf diese Fragen die Antworten gefunden zu haben, wenn sie an deren Richtigkeit keinen Zweifel mehr haben, erst dann sollen sie vor das Volk treten, ihre Wahrheiten laut und hörbar aussprechen und die Menschen aufrufen und ermutigen, mitzumachen und sich einzureihen.

Eine der Ursachen der Fehleinschätzung lag in der offensichtlichen Unkenntnis der in Bonn Handelnden über Zustand, Leistungsfähigkeit und Wettbewerbsfähigkeit der Betriebe in der alten DDR. Diese Unkenntnis ist schwer zu verstehen, denn westdeutsche wirtschaftswissenschaftliche Institute haben seit vielen Jahren viele Untersuchungen darüber veröffentlicht.

Spätestens Anfang Juli 1990, wenige Tage nach Einführung der D-Mark in der damals noch bestehenden DDR, ein Vierteljahr vor dem 3. Oktober, konnte jeder Laie in Bonn miterleben, was mit dem volkstümlichen Symbolprodukt Trabant geschah: Jahrelang hatte ein DDR-Bürger einst darauf warten müssen, daß ihm sein Trabi geliefert wurde; jetzt aber konnte man für das gleiche Geld einen Kleinwagen von Opel oder VW, von Ford oder Fiat kaufen. Diese westlichen Autos waren eindeutig besser, und sie waren sofort lieferbar – dazu kam ein riesiges Angebot an gebrauchten Westautos, die qualitativ besser waren als ein neuer Trabi, aber viel billiger. Schon nach wenigen Tagen wollte keiner mehr einen neuen Trabi kaufen, nach wenigen Wochen mußte deshalb die Produktion eingestellt werden; viele Menschen wurden deshalb arbeitslos. Das Schicksal des Trabi lieferte ein frühes Paradebeispiel für ein industrielles DDR-Produkt, das trotz des Fleißes und des Schweißes, den die Ingenieure und die Arbeiter darauf verwandten, mangels Wettbewerbsfähigkeit auf dem Gemeinsamen Markt der EG nicht verkäuflich war.

Inzwischen hat sich dieses Schicksal an Hunderten von Industrieprodukten der alten DDR wiederholt – die Belegschaften stehen auf der Straße. Selbst ein ökonomisch ungebildeter Politiker in Bonn hätte dieses Drama spätestens im Laufe des Juli 1990 vorhersehen müssen, die Ökonomen haben es seit jeher gewußt (lediglich das bedrückende Ausmaß des ökologischen Vandalismus in der alten DDR war *vor* 1990 vom Westen aus schwer abzuschätzen). Inzwischen weiß die Bundesregierung, daß die Produktivität pro Arbeitsstunde in den östlichen Bundesländern bei einem Drittel derjenigen des Westens liegt und daß das Bruttoinlandsprodukt pro Kopf im Osten dem Niveau von Portugal und Griechenland entspricht. Eine Steigerung hängt in erster Linie ab von Ausmaß und Tempo der Investitionen in die Ausrüstung ostdeutscher Betriebe wie auch von der Entwicklung der dortigen Infrastruktur.

Die wichtigste Ursache für das heutige ökonomische und soziale Debakel in den östlichen Bundesländern ist der naive Glaube an die alles heilenden Kräfte des Marktes. Bonn hatte geglaubt: Wir bringen die harte Währung in die DDR und gleichen die sozialen Sicherungen und Sozialleistungen an, dann wird der Gemeinsame Markt schon greifen und alles andere regeln. Der Bundeskanzler, als er ein neues Wirtschaftswunder versprach, hielt sich offenbar nicht nur für einen zweiten Adenauer, sondern in ein und derselben Person auch für einen zweiten Erhard.

Kohl hat die Zeit des Wirtschaftswunders der fünfziger Jahre nicht zutreffend in Erinnerung. Obgleich ich ein wenig älter bin als er, ist meine Erinnerung etwas genauer, zumal da ich nach der Währungsreform des Jahres 1948 für eine Reihe von Jahren Mitarbeiter des damaligen Hamburger Wirtschaftssenators Karl Schiller war und mich 1949 in meiner Diplomarbeit mit der Währungsreform und den geld-, haushalts- und handelspolitischen Voraussetzungen ihres Erfolges in einem internationalen Vergleich beschäftigt habe.

Der Erfolg Erhards beruhte auf mehreren Faktoren. Einer davon war, daß die aus Nazi-Zeit und Krieg geerbte Zwangswirtschaft nur schrittweise abgeschafft wurde. Die darniederliegende westdeutsche Industrie, die international gesehen zwangsläufig von niedriger Produktivität gekennzeichnet war, über Nacht dem internationalen Wettbewerb auszusetzen kam Erhard nicht in den Sinn. Ex- und Import wurden durch eine alliierte Behörde (JEIA) reguliert. Großinvestitionen, zum Beispiel im Schiffbau, bedurften der Genehmigung.

Einer der wichtigsten Unterschiede im Vergleich zu 1989/90 ist der: Alle Unternehmer und alle Arbeitnehmer, alle Produzenten und alle Konsumenten in der alten Bundesrepublik unterlagen nach Kriegsende den gleichen Bedingungen, materiell wie auch seelisch. Alle *(fast* alle!) hatten gehungert, *fast* alle fingen bei Null an, kein Bayer hatte als Unternehmer einen großen Startvorsprung vor einem Niedersachsen, kein Hamburger vor einem Stuttgarter. Es handelte sich um einen hochgradig homogenen Markt, mit dem Erhard begann, das heißt, die Marktchancen waren zu einem hohen Grade gleich für alle (fast alle). Auch die Zerstörungen der Infrastruktur waren fast überall gleich, ebenso die Handikaps, etwa infolge alliierter Bürokratie oder infolge Kapitalmangels.

Für die DDR-Betriebe waren die Rahmenbedingungen nach dem Währungsvertrag 1990 völlig andere; sie wurden über Nacht in ungewohnte Verhältnisse entlassen, mit denen aber ihre westdeutschen Konkurrenten seit Jahrzehnten bestens vertraut waren. Die ostdeutsche Industrie war nur in sehr beschränktem Maße gewohnt, sich für neue Produkte neue Märkte zu suchen; vielmehr war ihr jahrelang von oben befohlen worden, was und in welcher Menge sie für das Inland zu produzieren hatte und was an die Sowjetunion, an Polen, an die Tschechoslowakei usw. zu liefern war. Sie war Marketing nicht gewohnt. Sie war auch nicht gewohnt, den Zusammenhang zwischen Kosten und Preisen sorgfältig zu beachten; denn innerhalb des von Moskau gelenkten Wirtschaftssystems des Rates für gegenseitige Wirtschaftshilfe (RGW, im Westen auch Comecon genannt) galt de facto Tauschhandel von Staat zu Staat, und zwar zu politisch festgelegten Verrechnungspreisen.

Zu allen Umstellungsschwierigkeiten kam seit Beginn der neunziger Jahre der Wegfall der traditionellen Abnehmer in Moskau, Warschau und Prag hinzu; denn mit dem Zusammenbruch des Kommunismus im Osten Europas und dem Ende der sowjetischen Oberherrschaft durch Moskau brach auch der RGW zusammen. In harter Währung aber konnten die nunmehr befreiten bisherigen RGW-Staaten nicht zahlen; dazu hätten sie durch Exporte harte Währung verdienen müssen. Ihre Produkte waren jedoch auf dem Weltmarkt genauso schwierig zu verkaufen wie diejenigen der alten DDR. Auch ohne Vereinigung der beiden deutschen Staaten hätte der Zusammenbruch des RGW die alte DDR in eine schwerwiegende Wirtschafts- und Beschäftigungskrise gestürzt.

Die Bundesregierung hat diesen rasanten Prozeß des Verlustes alter Abnehmer, vor allem für Investitionsgüter der vormaligen DDR, offenkundig zunächst nicht bemerkt und später seine fatalen Auswirkungen auf die Auftragslage und die Beschäftigung in den neuen Bundesländern unterschätzt. Auch hier verließ sie sich auf die heilende Marktwirtschaft der westlichen Welt. Ihr naives Vertrauen war so groß, daß sie bei der Währungsumstellung von Mark (Ost) auf D-Mark (West) durch eine enorme Aufwertung der Löhne, Kosten und Preise die Konkurrenzfähigkeit der ostdeutschen Industrie in fahrlässiger Weise zusätzlich geschwächt hat.

Es gibt brauchbare Beispiele dafür, daß man auch als Außenstehender zu einem realistischen Urteil über die notwendigen Grundzüge der wirtschaftlichen Vereinigung der beiden deutschen Staaten kommen konnte. 1958/59 haben auf Anregung und unter Leitung meines Freundes Herbert Wehner einige sozialdemokratische Bundestagsabgeordnete einen Deutschland-Plan vorgelegt und zu diesem Zweck verschiedene vorbereitende Studien für die Vereinigung angefertigt. Meine Aufgabe war damals die ökonomische Studie (sie ist in den sechziger Jahren von einem westdeutschen Verlag publiziert und im Frühjahr 1990 von einem ostdeutschen Verlag wieder ausgegraben und erneut veröffentlicht worden). Sie trug den Titel «Mögliche Stufen eines wirtschaftlichen und sozialen Wiedervereinigungsprozesses». Der Ton lag zunächst auf dem Wort *Stufen*: Die dritte und letzte Stufe würde nach etwa fünf Jahren vollendet sein, schrieb ich 1959. Ich hielt es schon damals, vor 34 Jahren, für allzu riskant, die Vereinigung auf einen einzigen Streich erzwingen zu wollen. Dabei hatte damals niemand mit dem Zusammenbruch der Sowjetunion, des RGW und der wirtschaftlichen Verflechtung der DDR mit dem Osten zu rechnen gehabt.

Gleichwohl waren schon 1959 die strukturellen Verschiedenheiten, der wirtschaftliche Niveau-Unterschied und die daraus resultierenden großen Schwierigkeiten, welche der Integrationsprozeß auslösen würde, klar zu erkennen. Eine Befreiung der Unternehmensführungen von den Fesseln der Plan- und Zwangswirtschaft habe ich natürlich für unerläßlich gehalten, nicht aber die heute forcierte Überführung in privates Eigentum. Investitionsfreiheit und Subventionierung aus westdeutschen Finanzmitteln würden aber Rationalisierung und Anstieg der Produktivität bewirken; deshalb habe ich mit einer beträchtlichen Entlassungswelle gerechnet. Zu ihrer Abmilderung schlug ich sozialpolitische Maßnahmen vor, vor allem aber große Infrastrukturinvestitionen, um einen Teil der entstehenden Arbeitslosigkeit wieder aufzusaugen und weil die Infrastruktur in der DDR zurückgeblieben war. Durch große infrastrukturelle Verbesserungen mußte die Ansiedlung moderner, am Weltmarkt konkurrenzfähiger Unternehmen und neuer gewerblicher Arbeitsplätze erleichtert oder überhaupt erst ermöglicht werden.

Es war die Studie eines ausgesprochenen Marktwirtschaftlers, der Marktwirtschaft herstellen wollte, zugleich aber Rücksicht nahm auf die betroffenen Menschen, und der wußte, daß man für die Übergangsphase auf erhebliche staatliche Aktivitäten und auf finanzwirtschaftliche Hilfen nicht verzichten durfte.

Es hat im Laufe der Jahre mehrere Studien über das gleiche Thema gegeben. Ich erinnere mich in diesem Zusammenhang zum Beispiel an Bruno Gleitze und – sehr viel später – an öffentliche Darlegungen von Kurt Biedenkopf im Dezember 1989 und Februar 1990. Es erscheint mir undenkbar, daß in den Jahren 1989/90 das Bundesministerium für Wirtschaft von solchen Studien nichts gewußt haben soll, zumal der Sachverständigenrat im Januar 1990 ein spezielles Sondergutachten zur Wirtschaftsreform in der DDR vorgelegt hat. Aber ein Bundeskanzler, der von solchen Gutachten nichts weiß (oder nichts wissen will), muß sich fragen lassen, auf welchen Sachverstand er in dieser entscheidenden Situation der deutschen Nachkriegsgeschichte eigentlich gebaut hat. Offenbar hat der puristische marktwirtschaftsideologische Wahn eines freidemokratischen Wirtschaftsministers verhindert, daß die Schlußfolgerungen solcher Studien zur Kenntnis des Bundeskanzlers kamen. Seit dem Ausscheiden von Bundesminister Hans Friderichs hat uns dessen Partei nacheinander vier Nachfolger beschert, deren Aktivität in größerem Maße auf dem Feld der öffentlichen Polemik und Propaganda lag als in der amtlichen Verfolgung wirtschaftlicher Zielsetzungen.

Sieben Kardinalfehler

Die naive Unterschätzung der voraussehbaren Schwierigkeiten der wirtschaftlichen Vereinigung war der erste Kardinalfehler. Daraus sind weitere Fehlentscheidungen und Unterlassungen erwachsen, die heute nur schrittweise, nur teilweise und insgesamt auch unzureichend korrigiert werden.

Der naive Glaube, Marktwirtschaft an sich werde schon in wenigen Jahren (Kohl: «Bis 1994!») die ehemalige DDR in ein wirtschaftlich blühendes Land verwandeln, war der zweite Kardinalfehler.

Der dritte Kardinalfehler lag in der De-facto-Aufwertung der alten Mark (Ost) auf etwa das Dreifache. Damit ist die Wettbewerbsfähigkeit auch derjenigen ostdeutschen Unternehmen untergraben worden, deren Produkte qualitativ für den deutschen, den gemeinsamen europäischen und für den Weltmarkt durchaus geeignet waren, wenn sie nur im Preis wettbewerbsfähig geblieben wären. Der damalige Bundesbankpräsident Pöhl sah das Unglück kommen, er hat eindringlich gewarnt. Jedoch hat der Bundeskanzler sich von seinem Kurs nicht abbringen lassen, schließlich wollte er durch den Umtausch von einer Mark (Ost) in eine D-Mark (West) auch denjenigen Menschen im Osten etwas Gutes tun, deren Stimme er sich in der ersten gemeinsamen Bundestagswahl ein halbes Jahr später erhoffte. Der Mann, der für ihn im Frühjahr 1990 den Währungsvertrag zustande zu bringen hatte, war der damalige Staatssekretär im Bonner Finanzministerium Hans Tietmeyer; heute gehört er zum Direktorium der Bundesbank, die durch eine so bei uns noch nicht dagewesene Hochzinspolitik das Land und halb Europa die Suppe auslöffeln läßt, die uns die Bundesregierung eingebrockt hat. Tietmeyers ostdeutscher Verhandlungspartner Günther Krause verstand nichts von Währung, er ist an *diesem* Kardinalfehler wahrscheinlich schuldlos.

Der vierte Kardinalfehler war der im Einigungsvertrag liegende Verzicht auf einen weitreichenden generellen Finanzausgleich zugunsten der neuen Länder. Nur bis zum Ende des Jahres 1994 soll der «Fonds Deutsche Einheit» laufen, den der Bund und die westdeutschen Länder gemeinsam alimentieren. Von 1995 an sollen die östlichen Bundesländer durch Gesetz in den «horizontalen» Finanzausgleich der sechzehn Länder und den «vertikalen» Finanzausgleich zwischen Bund und Ländern einbezogen werden. Inzwischen ist der Fonds erheblich, aber immer noch unzureichend aufgestockt worden. Alldem, auch der zeitlichen Begrenzung bis Ende 1994, liegt der Kardinalfehler Nr. 2 zugrunde, nämlich die naive Annahme, im Jahre 1994 werde im Osten die Wirtschaft blühen. Die Annahme, Ende 1994 würden die östlichen Bundesländer im Prinzip finanziell auf eigenen Beinen stehen können, ist freilich schon heute als tragikomische Illusion entlarvt; die Verschuldung der neuen Länder nimmt schnell zu, sie steuern in wenigen Jahren in eine Finanzkrise.

Im übrigen wird der 1995 von einer anderen Bundesregierung (Ende 1994 wird ein neuer Bundestag gewählt!) auszuhandelnde neue Finanzausgleich wahrscheinlich eine generelle innenpolitische Krise auslösen. Die westlichen Länder sind nicht darauf vorbereitet und einstweilen leider auch nicht willens, auf einen weiteren erheblichen Anteil ihrer Finanzen zugunsten des Ostens zu verzichten. Je mehr aber der Bund die Lücke ausfüllen müßte, um so mehr würde sich das finanzielle Volumen der öffentlichen Hände in Richtung auf den Bund verschieben, der Anteil der Länder und Gemeinden würde absinken. Daß eine solche Entwicklung zwangsläufig auch zu einer weiteren Stärkung der Organe des Bundes gegenüber den Ländern und damit zu einer politisch bedenklichen Veränderung des ohnehin gefährdeten föderativen Gleichgewichtes führen müßte, ist heute schon erkennbar; es hat sich seit 1990 angebahnt.

Die heutige finanzielle Abhängigkeit der östlichen Bundesländer hat für sie gefährliche politische und psychologische Konsequenzen. Sie sind gegenüber der Bundesregierung (und den ihr unterstehenden Behörden wie Treuhandanstalt, Bundesanstalt für Arbeit usw.) in die Rolle ständiger Bittsteller gedrängt. Damit ist ihre politische Position kategorisch schlechter als die der westlichen Bundesländer. Ihre Entscheidungsfreiheit ist wesentlich kleiner, obschon sie der ungewöhnlichen Probleme wegen mindestens gegenwärtig eigentlich größer sein müßte. Diese Abhängigkeit wirkt sich natürlich auf die seelische Befindlichkeit der in den Landtagen und Landesregierungen tätigen Personen aus, ebenso auf die öffentliche Meinung in den östlichen Bundesländern. Das Bewußtsein der Trennung und der Unterordnung unter westdeutsche Organe und Personen wird vertieft – das Gegenteil von dem, was man sich wünschen möchte. Viele Ostdeutsche fühlen sich vom Westen beherrscht.

Ein ähnlicher psychologischer Effekt geht zwangsläufig von der Arbeit der Treuhandanstalt aus, und damit bin ich beim fünften Kardinalfehler. Wenn in Thüringen oder in Sachsen-Anhalt ein größeres, früher «volkseigenes» Unternehmen verkauft wird, so liegt die Entscheidung nicht bei den Regierungen in Erfurt oder Halle, sie liegt auch nicht bei den Landtagen, sondern bei der Treuhandanstalt in Berlin. Das gleiche gilt für Stillegungen, Teil-Stillegungen, selbst für Verkäufe von ungenutzten Flächen an einen Investor. Die Treuhandanstalt ist de facto ein Bundesministerium für die strukturelle Umgestaltung der ostdeutschen Unternehmenslandschaft. Da sie für ihre Operationen jedoch keine Gesetzgebung benötigt, unterliegt sie praktisch lediglich dem Erfordernis der Zustimmung ihres Verwaltungsrates und dessen Aufsicht. Kein Parlament hat mitzureden. Im Ergebnis ist sie für die Landesregierungen und die Landtage aller östlichen Bundesländer eine überaus mächtige, mit großen Kompetenzen und Finanzmitteln ausgestattete Nebenregierung, die lediglich vom Bundesfinanzminister abhängt. Ostdeutsche Bundesbürger haben an diesen Kompetenzen keinen Anteil, es sei denn, sie sind im Einzelfall leitende Mitarbeiter der Treuhandanstalt. Vielen Ostdeutschen stellen sich die Privatisierer und Sanierer als «Bilderbuch-Kapitalisten» dar (Bohley); dabei darf man nicht vergessen: In der Sprache der SED bezeichnete das Wort Kapitalist einen Menschen, der andere versklavt. Diese Gleichsetzung ist politisch und psychologisch unerfreulich.

Die Treuhand soll die ehemals «volkseigenen» Unternehmen zugleich privatisieren und sanieren. Beide Aufträge lassen sich nur schwer und nur mit sehr viel Geld unter einen Hut bringen. Am Ende des Jahres 1994 wird die Anstalt mit weit über 300 Milliarden DM verschuldet sein, der Bund wird dafür eintreten müssen.

Es ist zweifellos richtig, die Unternehmen zu verselbständigen und in die Hände erfahrener, ausgewiesener betriebswirtschaftlicher und kaufmännischer Führungen zu legen. Es erscheint auch zweckmäßig, einem Unternehmen vorübergehend Zuschüsse zu zahlen, wenn die gerechtfertigte Erwartung besteht, daß es nach einiger Zeit auf eigenen Füßen stehen kann. Aber alle anderen Entscheidungen müssen im Unternehmen selbst getroffen werden: Produktpalette, Entwicklungen, Investitionen, Betriebseinschränkungen – auch die Entlassungen. Es war bisher in vielen Fällen eine solche Verselbständigung nur durch Verkauf an private Unternehmer oder Unternehmungen möglich, die sowohl Geld mitbrachten als auch bereit waren, das Risiko zu übernehmen. Es wird aber nicht mehr lange dauern, bis die Treuhand nur noch auf Unternehmen, Betrieben und Betriebsteilen sitzt, die dauerhaft rote Zahlen schreiben und deshalb dauerhaft Zuschüsse erfordern – wenn sie dann nicht doch eines Tages geschlossen werden. Darüber wird auch des Bundeskanzlers neue

Parole von der «Erhaltung der industriellen Kerne» nicht hinweg-
täuschen.

Letztlich gehören die Entscheidungen über die jetzt noch ver-
bliebenen Betriebe in die Hände der Landesregierungen oder
neu zu schaffender, ihnen unterstehender regionaler Treuhand-
anstalten; dazu aber brauchen die östlichen Länder eigenen finanziellen Spielraum. Durch die verfehlte Konstruktion und
den Auftrag der heutigen Treuhandanstalt sind lebenswichtige
Entscheidungen über die Zukunft des ostdeutschen Bundesbür-
gers – aber nicht nur über seine Zukunft – in der Anonymität
verschwunden, also dorthin, wo sie auch schon zu Honeckers
und Mittags Zeiten waren. Ich habe den Mut und die Energie be-
wundert, mit der Birgit Breuel und ihr Vorgänger, der ermorde-
te Detlev Karsten Rohwedder, ihre Aufgaben angepackt haben.
Das kann mich aber nicht daran hindern, Auftrag und Konstruktion der Treuhandanstalt als einen politischen Kardinalfehler an-
zusehen.

Der sechste Kardinalfehler liegt auf einem benachbarten Feld,
nämlich in der Vermögensregelung aufgrund des Einigungsvertra-
ges. Zwar ist inzwischen das gesetzliche Prinzip der Rückerstattung früheren Privateigentums, der Grundsatz «Rückgabe vor
Entschädigung», etwas abgemildert worden. Aber da in den allermeisten Fällen die Enteignungen schon vor langer Zeit erfolgt
sind, handelt es sich bei den Anspruchsberechtigten in der Regel
um Erben der früheren Eigentümer. Insgesamt sind inzwischen
2,4 Millionen Ansprüche angemeldet, davon ist bisher nur rund
ein Zehntel erledigt. Der Rest ist ein fabelhaftes Beschäftigungs-
programm für Rechtsanwälte und Gerichte, das bis ins nächste
Jahrhundert reicht.

In der Zwischenzeit aber besteht weiterhin Unsicherheit über
den endgültigen Eigentümer, mit zwei bösen Folgen. Zum einen
haben sich viele Wohnungsbesitzer darauf verlassen, zu Recht in

ihrer Wohnung zu sein, jetzt haben sie Angst, zu einem ungewissen Zeitpunkt hinausgeworfen zu werden. Zum anderen unterbleiben Reparaturen und Investitionen, was sowohl betriebs- als auch volkswirtschaftlich außerordentlich schädlich ist. Das Rückgabeprinzip hat sich als «formidables Investitionshemmnis» (Biedenkopf) erwiesen.

Es wäre weitaus vernünftiger gewesen, statt des Rückerstattungsprinzips vielmehr das Entschädigungsprinzip zur Regel zu machen. Schließlich haben die Erben der ehemaligen Eigentümer bis zum Jahre 1989 mit der Rückgabe des früheren Eigentums ihrer Eltern oder Verwandten gar nicht rechnen können; sie wären sehr froh gewesen, wenn ihnen nunmehr durch Gesetz eine angemessene Entschädigung zugesagt worden wäre. Offenkundig beruht die Verankerung des fehlerhaften Rückgabeprinzips auf einer rücksichtslosen Eigentumsideologie, die durchaus auch von Interessen inspiriert wurde. Wenn Kurt Biedenkopf das Vermögensgesetz ein «Dokument fortdauernder nationaler Entzweiung» genannt hat, so war das keine Übertreibung.

Für den siebten Kardinalfehler sind in erster Linie die Verbände der Arbeitgeber und die Gewerkschaften verantwortlich, allerdings ist auch die Bundesregierung nicht schuldlos. Ich spreche von der Tariflohnentwicklung der Jahre 1990, 1991 und 1992. Schon 1990 ist die Tariflohnentwicklung für Ostdeutschland von den (westdeutschen!) Tarifpartnern weit über den Produktivitätsfortschritt hinaus nach oben getrieben worden, der öffentliche Dienst machte den Vorreiter. Die Explosion der Lohnstückkosten hat besonders diejenigen Unternehmen der ehemaligen DDR getroffen, deren Produkte ohnehin kaum wettbewerbsfähig waren. Ende 1989 lag das monatliche durchschnittliche Einkommen im Osten bei 1170 Mark (Ost), Anfang 1992 war es auf 2090 DM (West) gestiegen. Für diejenigen, die ihren Arbeitsplatz behalten konnten, war das eine fabelhafte Verbesserung. Für Millionen anderer war es der wichtigste Grund für den Verlust ihres Arbeitsplatzes.

Die Bundesregierung muß sich vorwerfen lassen, nicht schon bei den ersten Anzeichen dieser Fehlentwicklung die Spitzenverbände der Arbeitgeber und Arbeitnehmer an ihren Tisch gebeten zu haben, um ihnen die zu befürchtende Lohnstückkostenentwicklung im Osten eindringlich vor Augen zu führen und sie um Mäßigung zu ersuchen. Niemals vorher wäre eine «konzertierte Aktion» im Sinne Karl Schillers notwendiger gewesen.

Die Arbeitslosigkeit ist durch Kurzarbeit, vorzeitigen Ruhestand, Arbeitsbeschaffungsmaßnahmen und Beschäftigungsgesellschaften (sogenannter zweiter Arbeitsmarkt, in Wahrheit verdeckte Arbeitslosigkeit) deutlich gemildert worden, unter Aufwendung ganz erheblicher Finanzmittel des Bundes. Gleichwohl: Die gegenwärtige Arbeitslosigkeit ist in vielen Industriestädten Ostdeutschlands heute weit höher, als sie 1932 zur Zeit der ersten großen Weltwirtschaftskrise gewesen ist – damals wurde die Hoffnungslosigkeit der Arbeitslosen zu einem der Hauptmotive für die Wahl der NSDAP und Hitlers. Heute ist die wirtschaftliche Lage der Arbeitslosen ungleich besser als damals. Sie birgt jedoch ein Element der Bitterkeit und Enttäuschung, das zusammen mit anderen Ängsten ein bedrückendes Gemisch aus Resignation und Aggression hat entstehen lassen, besonders unter den Jugendlichen. Rostock-Lichtenhagen ist ein Beispiel dafür. Wahrscheinlich ist die hohe Arbeitslosigkeit, deren Ende für viele gar nicht abzusehen ist, der wichtigste der Negativfaktoren, die zu Beginn des Jahres 1993 die gedrückte Stimmung im Osten Deutschlands ausmachen.

Im Westen gibt es nur noch wenige, die sich an eine derartige Massenarbeitslosigkeit überhaupt erinnern. Deswegen können sich auch die meisten Westdeutschen nicht in die Lage der Arbeitslosen im Osten einfühlen. Neben der offiziell gemeldeten Arbeitslosigkeit gibt es eine gewaltige verdeckte. Tatsächlich gingen 1992 nur noch rund 45 Prozent derjenigen Erwerbspersonen einer regulären Beschäftigung im Osten nach, die 1989 voll beschäftigt gewesen waren.

Zur Lage der Nation

August 1994

Die Idee einer Deutschen Nationalstiftung war schon zwanzig Jahre alt, als wir sie endlich im vorigen Jahr verwirklicht haben. Anfang der siebziger Jahre hatten wir große Sorge, unser Volk könne sich im Laufe der langen Zeit der Trennung auseinanderleben. Sehr bewußt gab es jedes Jahr eine Regierungserklärung und eine Parlamentsdebatte über die «Lage der Nation». Wir waren fest überzeugt, eines Tages werde die Vereinigung der Deutschen gelingen, aber wir wußten nicht, wann das sein würde. Und noch in der zweiten Hälfte der achtziger Jahre dachte keiner, daß die Wiedervereinigung nur noch kurze Zeit auf sich warten lassen würde.

Deshalb erschien uns die Identität der Deutschen zunehmend gefährdet, zumal die Führung der DDR angefangen hatte, das irreführende Schlagwort von der «Sozialistischen Nation» zu propagieren. Der Bundespräsident weiß, daß wir schon während seiner ersten Amtsperiode uns gedanklich auf die Gründung der Nationalstiftung vorbereiteten.

Als dann 1989 und 1990 sich die Lage der Weltpolitik und die Lage Europas so fundamental veränderten, daß die deutsche Vereinigung tatsächlich erreicht werden konnte, haben wir nicht gewußt, daß die seelische und geistige Vereinigung so schwierig sein würde, wie es sich im Laufe der Jahre nach 1990 herausgestellt hat. Deshalb haben wir den alten Gedanken der Nationalstiftung wieder aufgegriffen.

Zugleich aber zeigten sich für den deutschen 80-Millionen-Staat nicht nur *innere* Identitätsprobleme, sondern auch das Problem, die neu zu festigende deutsche Identität europäisch einzubetten und sie erträglich, *ver*träglich zu machen für alle unsere zahlreichen Nachbarnationen. Es war diese letztere Besorgnis, welche einige von uns – aus dem Osten wie aus dem Westen – zunächst bei dem Namen *National*-Stiftung hat zögern lassen. Dazu kamen die uns allen nur allzu gegenwärtigen bösen Erinnerungen an vielerlei Schandtaten, welche in diesem blutigen 20. Jahrhundert im Namen und unter den Fahnen der deutschen Nation begangen worden sind.

Wir haben die Bedenken wegen des Namens alsbald überwunden. Dabei spielte die politische Erwägung eine wichtige Rolle, daß wir den Begriff der Nation um Gottes willen nicht ein zweites Mal der extremen Rechten überlassen dürfen. Übrigens habe ich selbst während meines ganzen politischen Lebens die Begriffe «deutsches Volk» und «deutsche Nation» immer bewußt als Synonyme, als gleichbedeutend benutzt.

Wir sind davon ausgegangen, daß auch den Gegnern der europäischen Integration kein Monopol auf den Nationen-Begriff eingeräumt werden darf. Wohl aber sehen wir für uns eine höchst wichtige Aufgabe darin, bewußt und gewollt unsere Bindung an die Europäische Gemeinschaft zu verschwistern mit unseren Bindungen an Familie, Heimat, Natur und mit unserer Bindung an die eigene Nation.

Wir sind überzeugt: Nationale und europäische Identität schließen sich keineswegs gegenseitig aus, sondern sie sind heute für die große Mehrheit der politisch und historisch denkenden Menschen in unserem alten Kontinent nur verschiedene Aspekte ein und derselben Identität.

Wenn sich heute in der östlichen Hälfte unseres kleinen Kontinents, nach der Befreiung von Diktatur und fremder Oberherrschaft, allenthalben nationale Identität und nationale Selbstbestimmung als seelische und politische Notwendigkeiten erweisen, so bleiben Begriffsbildungen wie «Nation Europa» oder – mit eher entgegengesetzter Tendenz – «Europa der Regionen» dagegen nur intellektuelle Versuche, entweder den als heikel empfundenen Nationen-Begriff zu umgehen oder aber umgekehrt sich der fortschreitenden Integration der zwölf Staaten zu widersetzen, demnächst der fünfzehn und dann neunzehn oder zwanzig Staaten.

Solche Umgehungsversuche können die wirklichen Notwendigkeiten nicht verdecken. Allerdings haben diese etwas krampfhaften Konstruktionen auch einen kleinen Vorteil: Sie klammern sich an Europa. Sie hängen sich an die andere seelische Notwendigkeit der Menschen unseres Kontinents und tragen ein wenig zu ihrer Bewußtmachung bei: Ich meine die Sehnsucht nach europäischer Einigung und nach Zugehörigkeit zu diesem vereinten Europa.

Nur als Fußnote und zur Vermeidung eines Mißverständnisses will ich anmerken, daß besondere regionale Kooperationen sehr nützlich sein können – sie sollten nur nicht als das tragende Prinzip der europäischen Einigung hypostasiert werden.

Kaum ein Franzose, kaum ein Pole, kaum ein Spanier, kein Engländer oder Amerikaner käme jemals auf die Idee, die Existenz seiner Nation und seine eigene Zugehörigkeit zu dieser Nation in Frage zu stellen. Mit der größten Selbstverständlichkeit hat Adam Smith über den «Wealth of Nations» geschrieben. Mit gleicher Selbstverständlichkeit gebrauchen fast alle unsere Nachbarn das gleiche Wort, meinen den gleichen Begriffsinhalt und sind glücklich, in den Fahnen ihres Landes oder ihren nationalen Hymnen oder ihren Königshäusern dafür Symbole zu besitzen.

Wir Deutschen haben uns damit zweimal in diesem Jahrhundert schwergetan, sowohl nach dem Ersten Weltkrieg als auch besonders nach dem Zweiten Weltkrieg, für den nun tatsächlich die

Schuld allein auf die Nazi-Führung des Deutschen Reiches fällt. Gleichwohl: Es würde kaum eines unserer Nachbarvölker uns vertrauen, wenn wir – abermals ganz anders als sie selbst – versuchten, an die Stelle unserer Zugehörigkeit zu Vaterland und Nation einen künstlichen, unhistorischen Begriff wie «Verfassungspatriotismus» zu setzen. Oder wenn wir versuchten, Europa an die Stelle der Nation zu setzen. Unsere Nachbarn würden nicht darauf bauen, daß wir dauerhaft bei solchen Konstruktionen blieben. Sie würden sich besorgt fragen, was wir eines späteren Tages erfinden könnten, um das seelische Vakuum auszufüllen, das hier entstehen müßte.

Die Besorgnis vor einem abermaligen deutschen Sonderweg ist ohnehin bei unseren Nachbarn keineswegs gering. Unsere Nachbarn erhoffen sich Normalität von dem 80-Millionen-Staat der Deutschen – zahlenmäßig nächst Rußland der bei weitem größte Staat in Europa. Sie erhoffen sich außenpolitische Normalität und Zuverlässigkeit; innenpolitisch erhoffen sie von uns demokratische Normalität und darüber hinaus auch sozial-ökonomische Normalität. Die außenpolitischen Erwartungen unserer Nachbarn an uns Deutsche, dies ist das Stichwort für die folgenden Bemerkungen.

Zuvor aber eine Bemerkung zu der eben erwähnten Normalität oder der Besorgnis unserer Nachbarn vor einem deutschen Sonderweg, dessen Wirkungen und Ziele schwierig vorauszusehen wären. Gibt es tatsächlich deutsche Besonderheiten, die uns von den anderen Nationen in Europa unterscheiden?

Ich denke, es gibt mindestens drei deutsche Besonderheiten:
– Da ist zum ersten die Belastung durch Hitlers Eroberungskriege, die Besetzungen und die damit verbundenen Verbrechen, insonderheit der Holocaust. (Wir haben ja Weimar als Sitz unserer Stiftung *auch* aus dem Grunde gewählt, weil uns Buchenwald vor der Stadt an den Holocaust erinnern soll; andere

Gründe waren die ständige Erinnerung an den Fehlschlag der ersten deutschen Demokratie, der Weimarer Republik, und sodann die Erinnerung an die glanzvolle Ära der Stadt zur Zeit Schillers, Herders und Goethes.)
– Da ist zum zweiten die Besonderheit, daß wir in Deutschland erst sehr spät, später als die allermeisten europäischen Nationen, die Prinzipien der Gewaltenteilung und der parlamentarischen Demokratie aufgenommen und verwirklicht haben.
– Da ist zum dritten unsere beinahe einzigartige geopolitische Situation. Wir haben mehr unmittelbare Nachbarn als alle anderen europäischen Staaten (die einzige Ausnahme ist Rußland, welches sich aber über ganz Asien bis an den Pazifischen Ozean erstreckt). Und zu unseren unmittelbaren Nachbarn kommen die mittelbaren Nachbarn hinzu, wie England, Rußland, Italien oder Schweden.

Bismarck – in seinen späteren Jahren – ist wohl der erste unter den handelnden deutschen Staatsmännern gewesen, der sich unserer prekären geopolitischen Situation bewußt war und ihr durch eine auf Gleichgewicht abzielende Außenpolitik zu entsprechen sich bemüht hat. Nach dem Zweiten Weltkrieg scheint mir Adenauer – so eingeschränkt auch sein außenpolitischer Handlungsspielraum im Beginn gewesen ist – der erste gewesen zu sein, der sich der besonderen Gefahr der geographischen Situation Deutschlands bewußt war und der daraus die richtigen, notwendigen Konsequenzen gezogen hat.

Die Entstehung der europäischen Nationen begann vor etwa zehn Jahrhunderten; das zusammenhängende kulturelle Mosaik Europas, das sie seither geschaffen haben – wobei sie vieles voneinander übernahmen und weiterentwickelten –, ist auch deswegen so erstaunlich, weil sie gleichzeitig unendlich viele Kriege gegeneinander führten.

Das Schicksal des deutschen Volkes war es von Anfang an, in besonders viele Kriege verwickelt zu werden. Der entscheidende Grund dafür liegt in unserer geographischen Situation (oder, um ein Fachwort zu benutzen: in unserer geopolitischen Situation). Wir leben in dem engen, schmalen Raum zwischen Ostsee und Alpen, im Westen, Süden und Osten unmittelbar von Nachbarn umgeben, und selbst die Ostsee im Norden ist eigentlich nur ein großer Binnensee. Dagegen haben die Portugiesen und die Dänen nur einen einzigen Nachbarn, die Spanier oder die Holländer haben zwei, die Briten haben gar keine unmittelbaren Nachbarn. Wir Deutschen, in der Mitte des kleinen europäischen Kontinents lebend, haben mehr direkte Nachbarn als irgendeine andere europäische Nation.

Immer wieder sind andere Völker gegen das Zentrum vorgestoßen, die Wikinger zu Schiff, asiatische Reitervölker zu Pferde, die Ungarn, später die Türken, die Schweden unter Gustav Adolf, die Franzosen unter Ludwig XIV. und unter Napoleon. Umgekehrt sind wir Deutschen, wenn wir stark waren, aus dem Zentrum hervorgestoßen, gegen Polen, gegen Frankreich und schließlich, in Hitlers Weltkrieg, gegen alle unsere Nachbarn gleichzeitig (die Schweiz war die einzige Ausnahme). Deshalb haben unsere Nachbarn während der letzten Generationen mehrfach Koalitionen gegen Deutschland gebildet; der Angeber Wilhelm II. hat eine Koalition gegen Deutschland großmäulig herausgefordert, der Verbrecher Hitler hat eine weltweite Koalition gegen uns blutig erzwungen.

Unsere Mitgliedschaft in der Europäischen Union und in der Nato kann an unserer geopolitischen Zentrallage nichts ändern, aber beide Bindungen haben die alte Bundesrepublik zu einem festen Bestandteil Westeuropas gemacht; dadurch wurde unseren westlichen Nachbarn die Sorge vor abermaligen deutschen Vorstößen genommen. Außerdem waren Westeuropa und die USA sich einig in ihrer Entschlossenheit zur militärischen Abwehr sowjetischer Expansionen in westlicher Richtung. Wir wären in dieser Lage vollständig glücklich mit unserer Westeinbindung gewesen, wenn Deutschland nicht geteilt gewesen wäre.

Seit Deutschland wieder vereinigt ist – der Bevölkerungszahl nach weit größer als Frankreich oder England, mit doppelt so vielen Menschen wie Polen, fünfmal so vielen wie Holland, achtmal so vielen wie die Tschechische Republik –, ist die Notwendigkeit der Selbsteinbindung Deutschlands unabweisbar geworden. Wenn wir denn im nächsten Jahrhundert nicht abermals den zerstörerischen Wechsel zwischen zentrifugalen und zentripetalen Kräften und abermals Koalitionen gegen Deutschland erleben wollen. Unsere Hoffnung auf den Fortschritt der europäischen Integration entspringt deshalb nicht nur unserer Seelenlage, sondern sie liegt im vitalen Interesse unseres Volkes.

Es ist weder der Nazi-Diktatur noch den faschistischen Diktaturen in Italien und auf der Iberischen Halbinsel, noch den kommunistischen Diktaturen gelungen, das in der Weltgeschichte einmalige kulturelle Geflecht Europas zu zerreißen oder zu verdrängen. Europäische Philosophie, Wissenschaft, Literatur, Musik, Malerei und Architektur haben sich als stark genug erwiesen.

Die politische Kultur der Demokratie, die europäische Rechtskultur, die Grundelemente des freien Marktes, die Kultur des sozialen Ausgleiches, vor allem aber die Achtung der Würde und Freiheit der Person, diese entscheidend wichtigen Komponenten der gemeinsamen europäischen Kultur haben *ein* Land jedoch kaum erreicht: Rußland. Auch heute ist es in der Mehrzahl der Nachfolgestaaten der Sowjetunion sehr unklar, ob die Menschen sich diese Komponenten zu eigen machen werden.

Die Helsinki-Schlußakte und der ganze KSZE-Prozeß, das sehen wir an den zahlreichen Kriegsschauplätzen auf Territorien der früheren Sowjetunion und ebenso auf der Balkan-Halbinsel, bieten einstweilen noch keine Gewähr für die Dauerhaftigkeit des Friedens, ebensowenig wie die UN und ihr Sicherheitsrat. Auch Clintons Angebot einer Friedenspartnerschaft an Rußland nimmt den Polen und den Balten nichts von ihrer Angst vor der sehr mächtigen Großmacht Rußland (deswegen möchten ja die Polen am liebsten noch heute Mitglied des Nato-Bündnisses werden).

Gorbatschows Wort vom gemeinsamen europäischen Haus war Ausdruck einer hoffnungsvollen Vision, nicht jedoch schon die Kennzeichnung der allernächsten Etappe. Die westlichen Nachbarn Rußlands, aber auch wir Deutschen, sind wohl beraten, nicht zu vergessen: Rußland ist kulturell eine Welt für sich, genauer gesagt: ein Kontinent für sich, mit sehr eigener kultureller Prägung, aber Rußland bleibt eine Weltmacht – auch wenn es gegenwärtig eine lange Schwächeperiode durchmachen muß.

Dagegen ist die Europäische Union ein vergleichsweise homogener Verbund von mittleren und kleineren Staaten. Homogen, weil die Mitgliedsstaaten auch in ihrer politischen, rechtlichen und wirtschaftlichen Kultur einander weitgehend ähnlich sind.

Seit den Initiativen Churchills – ich spreche von seiner visionären Züricher Rede 1946 –, Jean Monnets und Robert Schumans ist beinahe ein halbes Jahrhundert vergangen. Es hat dieses langen Zeitraumes und es hat schrittweisen Wachstums bedurft, bis aus dem Schuman-Plan des Jahres 1950 die EG und die Europäische Union von heute werden konnten. Die EU hat gewiß mancherlei Fehler, auch krankt sie an einem Demokratiedefizit. Gleichwohl: Es handelt sich um ein unerhörtes Novum in der Geschichte Europas, um eine so tiefgehende gegenseitige Verzahnung, daß Feindseligkeiten zwischen den Mitgliedern ausgeschlossen erscheinen.

Niemals zuvor haben die Völker freiwillig auf so große und

so wichtige Teile ihrer staatlichen Souveränität verzichtet. Niemals zuvor haben sie sich dazu verpflichtet, ihre mannigfaltigen Interessengegensätze durch gemeinsame Kompromisse zu bewältigen.

Das eine der beiden ursprünglichen Motive bei der Gründung der Europäischen Gemeinschaft, nämlich eine Barriere zu errichten gegen sowjetischen Imperialismus, spielt heute keine Rolle mehr. Das andere Motiv ist heute noch ebenso wichtig wie damals: nämlich Deutschland einzubinden.

Inzwischen ist jedoch ein drittes Motiv hinzugetreten: Von London bis Kopenhagen, von Athen bis Lissabon, von Wien bis Helsinki haben die meisten Menschen begriffen, daß die Teilhabe am Gemeinsamen Markt den Nationen wirtschaftliche Fortschritte bringt, die sie allein auf sich gestellt erst später erreichen würden.

Dies haben auch die politisch Verantwortlichen in Warschau, in Prag oder Budapest verstanden. Sie suchen außerdem den politischen Rückhalt durch die EU. Meine persönliche Überzeugung ist: Die Mitgliedsstaaten der EU müssen ihnen den Beitritt unverzüglich ermöglichen, das heißt, sobald die neuen Demokratien in der östlichen Hälfte Mitteleuropas ihre eigene Wettbewerbsfähigkeit für ausreichend halten. Sie haben wegen ihrer niedrigen realen Löhne einen großen Standortvorteil, den sie nutzen sollten. Und wir Altmitglieder sollten schon heute ihren Produkten freien Zugang zum Gemeinsamen Markt einräumen, einstweilen durchaus auch einseitig. Je schneller sie sich entfalten können, um so besser auch für uns, ihre westlichen Nachbarn.

Dabei muß uns die heutige Post-Maastricht-Krise der EU nicht allzusehr beunruhigen. Denn wir haben doch seit 1954 schon mindestens fünf tiefergehende Krisen der EG erlebt; sie wurden alle überwunden, weil die der EG zugrunde liegenden Motive stärker waren als die jeweiligen Interessen an Oliven und

Bananen oder an landwirtschaftlichen Währungsausgleichsbeträgen und Stahlkontingenten. Ich schließe aus dieser Erfahrung, daß wir auch die Krise von Maastricht überwinden werden – weil nämlich die der EU zugrunde liegenden Motive sich durchsetzen werden.

Die typisch deutsche Debatte darüber, ob es sich bei der Europäischen Union um einen Staatenbund oder einen Bundesstaat handele oder handeln solle, ist ziemlich steril – und deshalb überflüssig. Denn beides sind bloß Modelle aus der deutschen Geschichte und aus der deutschen Staatslehre. Tatsächlich handelt es sich um einen Zusammenschluß sui generis. Wer der Europäischen Union unbedingt einen deutschen Untertitel geben will, der möge – in Anlehnung an Heinrich August Winkler – von einem «Europa der Nationen» sprechen.

Wichtig ist angesichts dieser deutschen Debatte nur eines: Das klare deutsche Bewußtsein, daß jedweder besondere deutsche Weg ins Verderben führt, darf nicht verlorengehen. Kein deutscher Sonderweg würde Bestand haben, aber er kann neues Unglück auslösen. Wer eine besondere deutsche Rolle gegenüber Rußland propagiert oder gegenüber Osteuropa oder auch innerhalb der EU, der wird bald provozieren, daß andere sich gemeinsam gegen uns wenden. Statt dessen bedürfen wir der Geduld und der Gelassenheit.

Die gewaltige Veränderung der weltpolitischen Gesamtkonstellation während der letzten Jahre wird gegen Ende dieses Jahrhunderts klarer erkennbare Umrisse hervorbringen. Früher gab es entweder Ost oder West (und daneben die «Dritte Welt»). In der Zukunft könnte es statt jener Bipolarität der Macht vielmehr ein Viereck der Weltmächte geben:

1. die USA – aus offenkundigen Gründen;
2. Japan – als der bei weitem größte Kapitalexporteur der Welt;

3. China – wegen seiner Größe (ein Fünftel der Menschheit) und wegen des zu erwartenden schnellen wirtschaftlichen Fortschrittes;

4. Rußland – vor allem wegen seiner ungeheuren Ausdehnung, aber auch wegen seiner militärischen Potenz.

Die mittleren und kleineren Staaten Europas würden bei einer derartigen politisch-ökonomisch-militärischen Machtstruktur nur eine Rolle am Rande spielen, wenn sie jeder für sich blieben und jeder von ihnen auf eigene Faust seine Interessen in der Welt vertreten wollte. Sie würden Klienten werden mit ähnlich eingeschränktem Handlungsspielraum, wie er selbst sehr großen Entwicklungsländern in den letzten Jahrzehnten zwangsläufig auferlegt worden ist.

Nur wenn die über 300 Millionen Menschen der westeuropäischen, der südeuropäischen, der skandinavischen und der mitteleuropäischen Völker ihre Interessen gemeinsam vertreten, werden sie Gewicht haben. Ihr Einfluß wird besonders dann spürbar werden, wenn es tatsächlich zu der in Maastricht vereinbarten gemeinsamen Außen- und Sicherheitspolitik kommt, die einstweilen aber noch in weiter Ferne liegt. Nur dann können sie sich gegenüber dem Druck der Weltmächte behaupten.

Dann wird die EU eine fünfte Weltmacht sein – es wird kein Viereck geben, sondern vielmehr ein Fünfeck, ein Pentagon. Hier wird in absehbarer Zukunft ein zusätzliches, ein viertes Motiv für den Fortgang der europäischen Integration erkennbar werden – besonders auch für die Polen und die anderen Nationen im östlichen Mitteleuropa.

Wir Deutschen haben durch unsere geopolitische Zentrallage nicht nur Nachteile erfahren. Wir verdanken unseren Nachbarn zugleich eine große kulturelle Bereicherung. Von den Griechen und Römern, von den Arabern und Juden in Córdoba, von den

Italienern, von allen haben wir Anregungen erfahren. So haben wir von den Franzosen zum Beispiel die Idee der Aufklärung und – wenngleich verspätet – die Idee der Gewaltenteilung übernommen sowie viele Anstöße der Französischen Revolution. Von den Engländern lernten wir die Praxis des offenen Marktes und der Demokratie. Wir hören Tschaikowsky und Mussorgski und Verdi, wir lesen Shaw und Hamsun und Dostojewski. Die kulturelle Befruchtung durch unsere Nachbarn allein wäre Grund genug für unsere europäische Selbsteinbindung. Wir haben auch unsererseits beigetragen – und unser Beitrag berechtigt zum Stolz.

Darüber hinaus genießen wir durch die EU alle die Vorteile, die heute die Schweden, die Österreicher und die Finnen oder die Polen, die Tschechen und die Ungarn mit Recht sich von der EU versprechen. Vor allem aber ist unsere Einbindung in die EU eine Garantie gegen deutsche Rückfälle in eine autonome deutsche Außen- und Sicherheitspolitik, welche die eigenen Interessen und Ambitionen absolut setzt.

Es wird zum Kern der Aufgaben der Deutschen Nationalstiftung gehören, die europäische Gesinnung in unserem Volk zu stärken und zu verbreiten. Sie soll zum festen Bestand unserer öffentlichen politischen Tugenden gehören, zum Kanon unserer moralisch-politischen Pflichten. Nach den schrecklichen Erfahrungen mit zwei Diktaturen ist es nur natürlich, daß unser Grundgesetz in seinen ersten neunzehn Artikeln die Würde und Freiheit der Person garantiert, die Grundrechte des einzelnen. Aber es gibt nicht nur Rechte, es gibt auch Pflichten. Zwei Weltkriege haben uns gelehrt, daß wir Pflichten gegen unsere Nachbarn haben. Unter dieser Maxime bin ich besonders dankbar dafür, daß mehrere Ausländer im Senat der Deutschen Nationalstiftung mitarbeiten wollen.

Wir selbst aber müssen achtgeben, daß unsere Liebe zur eigenen Nation nie wieder in Nationalismus entartet, daß unser

Stolz auf das eigene Volk niemals wieder zu einer «völkischen» Politik mißbraucht wird.

Walther Rathenau und Gustav Stresemann haben in der Ära der Weimarer Republik zu den wenigen deutschen Politikern gehört, die vom Geist guter Nachbarschaft in Europa inspiriert waren – sie blieben ohne weitreichende Wirkung. Unsere Sache muß es sein, den Leitideen Jean Monnets und Charles de Gaulles, Konrad Adenauers und Willy Brandts zum endgültigen Durchbruch zu verhelfen. Und ebenso sollten wir uns an Edmund Burke halten, an Thomas Jefferson und andere; wir sind gut beraten, wenn wir uns unsere Vorbilder nicht nur im eigenen Land suchen.

Wir stehen vor der Aufgabe, das Gedächtnis der Nation zu revitalisieren und dabei zu helfen, daß wir Deutschen die richtigen Lehren und Konsequenzen aus der Geschichte ziehen. Auf daß eines Tages unsere Nachfahren mit Stolz werden sagen dürfen: Wir haben von Weimar gelernt, wir haben die Fehler und die Irrtümer der Weimarer Republik nicht wiederholt. Wir sind tatsächlich klüger geworden.

Der Osten bricht weg

März 1998

Seit 1996 ist der Aufholprozeß der östlichen Bundesländer unterbrochen. 1997 ist das wirtschaftliche Wachstum im Osten erstmalig kleiner gewesen als im Westen. Dieses Jahr wird sich der Abstand abermals erweitern. Die Arbeitslosigkeit im Osten ist laut offizieller Statistik doppelt so hoch wie im Westen; die zusätzliche verdeckte Arbeitslosigkeit dürfte mehrfach höher sein als im Westen. Es gibt keine blühenden Landschaften.

Die östliche Industrie ist infolge der Vereinigung deutlich unterdimensioniert; ihr Anteil an den Beschäftigten ist kaum größer als derjenige der östlichen Bauwirtschaft, aber nur halb so groß wie im Westen. Insgesamt spielt die Industrie heute eine viel zu kleine Rolle.

Es gibt im Osten herausragende positive Ausnahmen von der Misere; dazu gehören Unternehmen zum Beispiel in der Autoindustrie, der Elektronik und im Dienstleistungssektor. Auf weitere Sicht muß man darauf setzen, daß der industrielle Sektor in den sechs östlichen Ländern (sechs!, Berlin muß immer mitgesehen werden) wesentlich ausgeweitet wird. Das verlangt nach weiteren starken Investitionen privater westdeutscher Unternehmen.

Die Produktivität pro Arbeitsstunde ist in der ostdeutschen Industrie immer noch sehr viel niedriger als im Westen. Produktivität ergibt sich im wesentlichen aus den Faktoren der Maschinenausrüstung und der Arbeitsleistung der Arbeitnehmer. Über die letzteren ist nur Gutes zu hören; die Ausrüstungsinvestitionen dagegen hängen immer noch zurück. Entsprechend der Produktivität liegt das Niveau der Bruttoverdienste in Industrie und Gewerbe bei etwa drei Vierteln der westdeutschen Bruttoverdienste. Die überwältigende Mehrheit der ostdeutschen Unternehmen zahlt zwangsläufig keine Tariflöhne, sie hat sich vom Flächentarif weitgehend abgekoppelt.

Das positivste Bild bietet die Entwicklung der Renten. Weil in der DDR längere Lebensarbeitszeiten, mehr rentenwirksame Berufsjahre und eine höhere Berufstätigkeit der Frauen die Regel gewesen sind, erhalten die Ostrentner im Schnitt eine um neun Prozent höhere Nettorente als ihre westdeutschen Kolleginnen und Kollegen. Die Rentner sind die einzige größere Gruppe, die seit der Vereinigung wirklich sehr gut bedient worden ist.

Aber natürlich werden diese relativ hohen gesetzlichen Versichertenrenten im Osten nur zum kleineren Teil aus den Versicherungsbeiträgen der ostdeutschen Beitragszahler finanziert, zum größeren Teil stammen sie aus den westdeutschen Transferleistungen. Die Gesamtheit der aus öffentlichen Mitteln seit 1991 (einschließlich) geleisteten Transfers liegt bisher bei 1200 Milliarden DM brutto (nach Abzug etwa der Rückflüsse aus Steuern bei über 900 Milliarden DM netto). In den vergangenen fünf Jahren wurden im Schnitt jährlich fast 180 Milliarden DM brutto an öffentlichen Leistungen für Ostdeutschland finanziert. 1997 gab es jedoch erstmalig eine Kürzung! Wenn aber der Aufholprozeß nicht dauerhaft abgebrochen werden soll, dann müssen die Transferleistungen noch für längere Zeit in alter Höhe gezahlt werden.

Das Gerede über die fehlgeschlagene Steuerreform, mit welcher die Bundesregierung die Steuerzahler um 33 Milliarden DM jährlich entlasten wollte, und über die von der FDP verlangte Abschaffung des Solidarzuschlages ließ vermuten, daß beiden Ankündigungen die geheime Absicht zugrunde gelegen hat, die staatlichen Transfers in den Osten entsprechend zu kürzen. Denn weder kam nach Maastricht und nach dem Stabilitätspakt eine erhöhte Kreditaufnahme in Betracht, noch konnte ein verantwortungsbewußter Finanzpolitiker im Ernst hoffen, Beträge dieser Größenordnungen an anderen Stellen des Haushaltes dauerhaft einzusparen. Die Bundesregierung und ihre drei Koalitionsparteien haben dem Volk keinen reinen Wein eingeschenkt – möglicherweise haben sie sich selbst benebelt. Wenn es jetzt in den Wahlkampf geht, so müssen die Parteien vier Wahrheiten beherzigen.

Erstens: Die bei der sozialökonomischen Vereinigung gemachten Fehler sind nicht reparabel. Weder die horrende Aufwertung der Ostmark, die in diesem Ausmaß keine Industrie der Welt ohne Zusammenbrüche hätte überstehen können, noch die Verheißung von Westlöhnen binnen vier Jahren; weder das Versprechen – auf Graf Lambsdorffs Betreiben –, den Aufschwung Ost ohne Steuererhöhungen im Westen zu schaffen (inzwischen viele Male gebrochen), noch die unsägliche Form der Privatisierung, die psychologisch einer Kolonialisierung gleichkam und die überdies die Staatsschuld um 400 Milliarden DM erhöht hat.

Keiner dieser Fehler ist reparabel. Jedoch können wir die Folgen schrittweise überwinden – und zwar durch wirtschaftliches Wachstum.

Zweitens: Deshalb müssen zwei Hauptaufgaben Vorrang haben, nämlich zum einen die Wiederherstellung westdeutscher Leistungsfähigkeit durch Beseitigung der hohen Arbeitslosigkeit; und zum anderen die Wiederingangsetzung des Aufholprozesses im Osten.

Drittens: Für den Aufschwung Ost ist – neben allen anderen Schritten – die Aufrechterhaltung des finanziellen Transfers in alter Höhe unerläßlich. Wer jedoch den «Besserverdienenden» oder generell den westdeutschen Banken und Industrien oder den im Finanzausgleich zu Zahlungen verpflichteten Bundesländern finanzielle Vorteile verspricht, die im Ergebnis zu Lasten der fünfzehn Millionen ostdeutscher Mitbürger gehen würden, der ist bloß ein Opportunist und ein ziemlich mieser Patriot.

Viertens: Die große Mehrzahl aller Bürger im Osten wie im Westen hat illusorische Versprechungen satt bis oben hin. Wer ihr Vertrauen erringen will, der muß die Wahrheit sagen – auch wenn die Wahrheit zunächst unbequem und bitter ist. Unser Volk ist realistischer als viele der Politiker. Unser Volk ist bereit zur Solidarität mit sich selbst. Aber es möchte wissen, wohin die Reise tatsächlich geht. Es ist auch zum Verzicht bereit, wenn es denn dabei nur einigermaßen gerecht zugeht.

Wenn es dabei gerecht zugeht: Dies sollten auch jene Manager begreifen, die vom Shareholder value reden und in der Aktionärsversammlung umfangreiche Entlassungen, zugleich aber eine Dividendenerhöhung ankündigen – bei schönen Bonifikationen und Tantiemen für sich selbst.

In der ehemaligen DDR und in Berlin leben mehr als anderthalbmal so viele Menschen wie in Tschechien, ebenso viele wie in den Niederlanden. Diese gewaltige Zahl voll in unsere Wirtschaftsgesellschaft zu integrieren ist immer noch eine ungeheure Aufgabe. Zu deren Lösung hat jüngst die Sozialdemokratie ein Zehn-Punkte-Programm vorgelegt; Wolfgang Schäuble und andere haben gleichfalls begonnen, einzelne Vorschläge öffentlich vorzutragen. Über all dies mag diskutiert und auch gestritten werden. Aber jene Mitglieder der beiden süddeutschen Landesregierungen, die über Transferleistungen zugunsten des Ostens lästern, die sollten ein Wort von Gerhard Schröder bedenken: «Eine wirkliche Entlastung bei Steuern und Abgaben kann es erst dann geben, wenn der Osten sich so weit erholt hat, daß wir keine jährlichen Transfers von 150 Milliarden DM mehr brauchen.»

Ein Paukenschlag für den Osten

Oktober 2001

Staatsminister Schwanitz hat recht: Wer immer heute als Pole, als Tscheche oder Ungar die Lebensumstände der Bürger der ehemaligen DDR beurteilt, der findet, die Ostdeutschen sind bisher die Gewinner in dem gewaltigen politischen, ökonomischen und sozialen Umwälzungsprozeß, der nach der Befreiung vom sowjetischen Joch überall im Osten Mitteleuropas in Gang gekommen ist. Das konnte allerdings auch gar nicht anders sein. Denn den damals 16 Millionen Ostdeutschen stehen seit 1990 über 60 Millionen Westdeutsche mit ihrer Finanzkraft, mit den Instrumenten des Finanzausgleichs, der steuerlichen Investitionsförderung und des bundesseitigen Infrastrukturaufbaus zur Seite. Dagegen gab und gibt es keine Westpolen, Westtschechen oder Westungarn. Insofern haben also die Ostdeutschen sehr viel Glück gehabt. Und die seit 1990 eingetretenen Erfolge sind bemerkenswert. Es gibt kein anderes Land innerhalb des ehemaligen sowjetischen Herrschaftsbereiches, in dem auch nur annähernd ein ähnlicher Anstieg des allgemeinen Lebensstandards zustande gebracht worden ist wie in der ehemaligen DDR.

Der große Erfolg einiger industrieller Unternehmen wie Jenoptik oder Planeta und die bevorstehenden großen industriellen Investitionen, zum Beispiel durch Siemens, BMW oder Volkswagen, zeigen künftiges Wachstum an. Gleichwohl sind viele Menschen in Deutschlands Osten unzufrieden. Dafür gibt es mehrere Ursachen. Zum einen vergleichen sich die Bürger der östlichen Bundesländer ausschließlich mit ihren westdeutschen Mitbürgern, und denen geht es tatsächlich etwas besser. Die ostdeutschen Rentnerinnen und Rentner sind eine bedeutende Ausnahme, ihnen geht es zum Teil sogar besser als ihren westdeutschen Altersgenossen. Zum anderen hatte die Bonner Politik wirtschaftlich «blühende Landschaften» und «Westlöhne» innerhalb von vier Jahren versprochen; weil aber beide Versprechungen bodenlos waren und nicht eingehalten werden konnten, so ist die verbreitete Enttäuschung eine zwangsläufige Folge. Dazu kommen mancherlei Demütigungen, vor allem die vielerlei geistigen, seelischen und politischen Umstellungen. Jeder DDR-Bürger, der heute 65 Jahre alt ist, und vor allem fast alle Jüngeren waren ihr ganzes Leben lang Informations- und Meinungsdiktatur unterworfen – man arbeitete und tat das, was angeordnet wurde. Es gab zwar «Nischen», es gab auch mancherlei halblegale kleine Möglichkeiten, zu täuschen und zu «organisieren» – aber Plan und Zwang beherrschten das wirtschaftliche und soziale Schicksal der 16 Millionen. Die Bürger der DDR standen deshalb nach 1990 vor der Notwendigkeit einer radikalen inneren Umstellung, wie auch alle Nachbarn im Osten Mitteleuropas und in Osteuropa. Inzwischen haben sich aber sehr viele Ostdeutsche in der radikal veränderten Umwelt gut zurechtgefunden und eine große Gesamtleistung zustande gebracht.

Jedoch ist im Osten die Stimmung heute schlechter als die tatsächliche wirtschaftliche Lage. Wolfgang Thierse hat im Frühjahr dieser Stimmung den reichlich zugespitzten Ausdruck gegeben, die ostdeutsche Wirtschaft stehe auf der Kippe. Er hat für dieses Wort zwar mit Recht Kritik einstecken müssen, aber er hat doch vielen seiner ostdeutschen Landsleute aus dem Herzen gesprochen. Tatsache ist: Seit 1996 stockt der ökonomische Aufholprozeß des Ostens.

Wachstumsraten in Ost- und Westdeutschland[1]

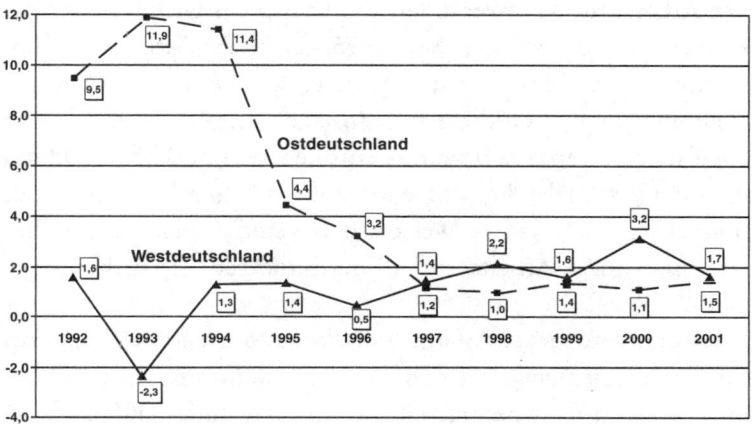

[1] Veränderungsrate (bezogen auf das Vorjahr) für das Bruttoinlandsprodukt, Bruttowertschöpfung in Preisen von 1995 (Quelle: IWH 2001)

Arbeitslosenquoten in Ost- und Westdeutschland

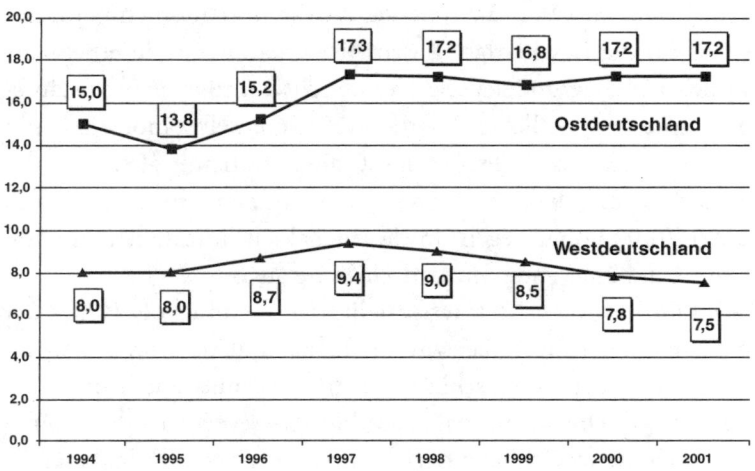

Seit 1997 sind die wirtschaftlichen Wachstumsraten im Osten stetig geringer als im Westen. Seit 1995 liegt die Produktivität pro Arbeitsstunde unverändert um knapp ein Drittel hinter der westlichen Produktivität. Seit 1995 liegen die östlichen Lohnstückkosten unverändert um zehn Prozent über dem Westen. Während im Westen die Arbeitslosigkeit seit 1997 stetig, wenn auch langsam abgebaut wurde, so blieb sie im Osten praktisch unverändert hoch; die offiziellen Zahlen liegen heute mehr als doppelt so hoch wie im Westen, dabei sind Arbeitslose in Umschulungs- und Arbeitsbeschaffungsprojekten gar nicht mitgezählt.

Es gibt ostdeutsche Städte mit de facto dreißig Prozent Arbeitslosen; niemand darf sich wundern, wenn in solchen Orten und Bezirken manche Jugendliche aus dem Ruder laufen – oder wenn einige Millionen zum Ausdruck ihres Protestes der PDS ihre Stimme geben, obwohl man weiß, daß die ehemaligen Kommunisten nicht fähig sind, Arbeitsplätze zu schaffen. Die sich in diesem Jahre abzeichnende weltweite Rezession drückt natürlich auch im Osten zusätzlich auf den Arbeitsmarkt und auf die Stimmung. Die im Osten bestehende deutliche «Unternehmerlücke» spielt für die Beschäftigung von Arbeitnehmern eine erhebliche Rolle. Bei Zugrundelegung der durchschnittlichen Selbständigenquote der westlichen Länder müßte die Selbständigenzahl in den neuen Ländern um rund 100 000 Personen größer sein, außerdem müßte die Zahl der registrierten Unternehmen im Osten um 140 000 höher liegen. In diesen Zahlen drückt sich eine immer noch bestehende Strukturschwäche aus.

Jüngst hat Allensbach festgestellt, daß mehr als die Hälfte der ostdeutschen Bürger die wirtschaftliche Situation im Osten als «schlecht» oder «eher schlecht» beurteilen und außerdem meinen, sie verschlechtere sich weiterhin. Diese negative Stimmung ist durch die tatsächliche Lage keineswegs gerechtfertigt, aber sie ist selbst eine Tatsache mit ökonomischen Auswirkungen. Sie gefährdet eine Wiederbelebung des Aufholprozesses, weil sie auch nach außen projiziert wird und potentielle Investoren in Westdeutschland und im westlichen Ausland negativ beeinflußt.

Was kann man dagegen tun? Vor Beantwortung dieser Frage muß man wissen, daß keiner der gravierenden psychologischen und ökonomischen Fehler der Jahre 1990 und 1991 heute noch repariert werden kann: weder die illusionären Versprechungen noch die falschen Wechselkurse beim Umtausch von Mark (Ost) in DM (West); weder der Verzicht auf totale Streichung aller «Altschulden» innerhalb der DDR noch die unselige «Rückgabe» von Liegenschaften an inzwischen längst im Westen lebende Erben von ehemaligen Eigentümern (statt einer auf lange Fristen bemessenen Entschädigung); weder der zeitliche Vorrang von Strafprozessen gegen kleine waffentragende Dienstgrade der DDR vor den Prozessen gegen ungleich schwerer belastete Führungspersonen noch die unselige Schnüffelei nach bisherigen SED-Aktivitäten bei Aussparung aller bisherigen Blockflöten; weder der würdelose und irritierende Hickhack über den Solidaritätszuschlag – erst einführen, dann abschaffen, dann wieder einführen – noch jene unqualifizierten steuerlichen Präferenzen, die zunächst im Osten einen Bauboom ausgelöst haben, der aber zwangsläufig seit Jahren zusammensackt und eine überdimensionierte ostdeutsche Baukapazität hinterlassen hat (übrigens verdeckt der Abschwung der ostdeutschen Bauwirtschaft in fast allen Statistiken den positiven Aufschwung des produzierenden Gewerbes im Osten). Fast alle aus heutiger Sicht zu kritisierenden damaligen Fehler und ihre Wirkungen sind endgültig. Wer die heutige Lage verbessern und vor allem die Stimmung im Osten heben möchte, der muß von der tatsächlichen Situation ausgehen.

Dafür hat Bundeskanzler Schröder in diesem Sommer einen bemerkenswerten Schritt getan: Sein mit den 16 Bundesländern verabredeter finanzpolitischer Solidarpakt II zugunsten der ostdeutschen Bundesländer reicht ausdrücklich bis zum Jahre 2019. Hier wird endlich einmal Mut zum Realismus erkennbar, indem die erwartete Dauer des Aufholprozesses Ost seit 1989 auf insgesamt mindestens drei Jahrzehnte bemessen wird. Es ist ebenso durchaus realistisch, den langfristigen Verkehrswegeplan des Bundes und zum Beispiel die Stadtstrukturprogramme oder ebenso den Ausbau einiger ostdeutscher Universitäten zu echten Forschungszentren Jahr für Jahr fortzusetzen.

Aber es fehlt ein psychologischer Aufschwung, ein Impetus, ein aufreißendes Projekt, das hohes Interesse, breite Diskussion und weite Beteiligung auslöst und zugleich den Aufholprozeß wieder in Gang bringt.

Hier ist dafür ein Vorschlag: ein Paragraphen-Beseitigungsprogramm für alle sechs ostdeutschen Länder. Er hat den Vorteil, keinerlei zusätzliches Geld zu kosten. Es wird den sechs Landtagen bisher ungeahnte Arbeiten und vor allem ungewohnte Verantwortung auferlegen. Die Bundesregierung sollte den Entwurf zu einem Artikel-Gesetz nach dem folgenden Schema vorlegen:

Art. I: Die sechs Landtage werden ermächtigt, zum Zwecke der Erleichterung der Neugründung von Betrieben und Unternehmen, der Förderung von Investitionen und der Schaffung zusätzlicher Arbeitsplätze nach Maßgabe der folgenden Artikel mit Gesetzeskraft eine Reihe von Vorschriften in bisher geltenden Bundesgesetzen für den Bereich ihres Bundeslandes abzuschaffen oder entscheidend zu vereinfachen. Die Ermächtigung gilt nur bis 31. Dezember 2004. Die von den Landtagen aufgrund dieses Gesetzes abgeschafften oder geänderten Vorschriften gelten bis zum

31. Dezember 2019; ab 1. Januar 2020 greift wieder das allgemeine Bundesrecht Platz, und zwar in dem zu diesem Datum geltenden Wortlaut.

Art. II: Im Tarifvertragsgesetz kann Paragraph 5 (und weitere Paragraphen) gestrichen werden, welcher dem Bundesminister für Arbeit und Sozialordnung das Recht einräumt, einen zwischen den Organisationen der Arbeitgeber und der Arbeitnehmer geschlossenen Vertrag für «allgemeinverbindlich» zu erklären. Das heute geltende Tarifvertragsgesetz ist die wichtigste Grundlage für die Flächentarifverträge, welche zwar den Arbeitsplatzinhabern ein hohes Einkommen sichern, den Arbeitslosen jedoch die Zukunft versperren. In den östlichen Ländern wird das Gesetz tatsächlich nur teilweise befolgt, am stärksten im öffentlichen Dienst, am wenigsten in kleinen Betrieben; seine auf die Neueinstellung von Arbeitnehmern abschreckende Wirkung ist beträchtlich.

Art. III: Im Betriebsverfassungsgesetz kann § 77,3 (und weitere Paragraphen) gestrichen werden – welcher Geschäftsleitungen und Betriebsräten verbietet, Vereinbarungen über Löhne, Arbeitszeiten und -bedingungen miteinander abzuschließen.

Art. IV: Im Bundesbesoldungsgesetz wird der § 1 (und weitere Paragraphen) zur Disposition gestellt, soweit er die Besoldung der Beamten der Länder und Gemeinden etc. regelt. Die Beamtenbesoldung darf nicht Lohnschrittmacher für privatwirtschaftliche und öffentliche Angestellte und Arbeiter bleiben.

Art. V: Im Baugesetzbuch stehen zur Disposition mindestens die §§ 2–4 b, § 6, § 10 und § 13, in denen umfangreiche verfahrensrechtliche Anforderungen vorgeschrieben sind. Danach ist bisher zum Beispiel nur in begrenzten Fällen eine vereinfachte Änderung oder Ergänzung von Bauleitplänen möglich. Tatsächlich verhindern bisher Genehmigungszwänge und zeitraubende Verwaltungsverfahren in vielen Fällen eine schnelle Verwirklichung von Investitionsentscheidungen. Daß zum Beispiel IKEA in Berlin alle behördlichen Genehmigungen binnen fünf Monaten erhalten hat, wurde in der Berliner Presse als positiver Rekord gefeiert – aber in Zukunft sollte ein fünfmonatiger Zeitverbrauch die negative Ausnahme sein.

Art. VI: Betrifft das Umweltrecht, ein Regelungsdickicht mit derzeit allein rund 30 Bundes-Einzelgesetzen, ein unübersichtlicher, unordentlicher Wirrwarr auf 900 Seiten bedruckten Papiers, dem die Mehrheit der kleinen und mittelständischen Unternehmen hilflos ausgeliefert ist. Es fällt mir schwer, konkret eine Schneise durch den Dschungel vorzuschlagen. Hoffentlich findet ein sachkundiger Politiker eine brauchbare Formulierung.

Art. VII: In der Handwerksordnung stehen § 1 und weitere Paragraphen zur Disposition. Warum soll nicht zum Beispiel ein tatkräftiger Kraftfahrzeugschlosser einen Kfz-Reparaturbetrieb eröffnen können? Der Kammerzwang stammt aus dem Mittelalter!

Art. VIII: Im Gesetz zur Regelung des Rechts der Industrie- und Handelskammern stehen die Paragraphen 2 und 3 zur Disposition. Zwangsmitgliedschaft und Zwangsbeiträge für jedweden Gewerbetreibenden sind ein überflüssiges Hindernis auf dem Wege zur Selbständigkeit.

Art. IX: Im Hochschulrahmengesetz stehen alle Paragraphen zur Disposition, welche Studium und Lehre sowie Zulassung zum Studium regeln. Die ostdeutschen Landtage brauchen Gestaltungsfreiheiten, um ihre Hochschulen voll wettbewerbsfähig zu machen.

Natürlich wird ein solcher Gesetzentwurf im Osten nicht nur Zustimmung auslösen, sondern auch Protest – vor allem aber im Westen und in Berlin. Die Bürokratien des Arbeitgeberverbandes Gesamtmetall und der Industriegewerkschaft Metall werden ihre heiligsten Kühe in Gefahr sehen, desgleichen die Beamtenorganisationen und ver.di, ebenso die Bürokratien einer größeren Zahl von Bundesministerien und der Kultusministerkonferenz, des Industrie- und Handelstages und des Handwerkskammertages etc. Einige aufgeregte Geister werden die Einheit des Vaterlandes in Gefahr sehen. Rechtsphilosophen und Verfassungsrechtler werden tiefgründige Bedenken vortragen und die «Gleichwertigkeit der Lebensverhältnisse» anmahnen. Die Lebensverhältnisse im Emsland und in München waren noch niemals gleich, ebensowenig die Lebensverhältnisse im Vogtland und in Leipzig. Vor allem aber: Die Lebensverhältnisse zwischen Ost und West sind tatsächlich ungleich. Jedoch wird das Paragraphen-Abschaffungsgesetz dazu beitragen, daß sie sich zukünftig wieder schneller angleichen.

Der Bundeskanzler könnte zur Begründung auf Erfahrungen seiner Sommerreise zurückgreifen: Neben vielerlei erfreulichen Fortschritten hat er auch einige Defizite bemerkt, darunter das Defizit an Selbständigen und Unternehmern, einschließlich Handwerksmeistern und Einzelhändlern. In dieser Hinsicht liegt der Osten im Durchschnitt um ein Viertel hinter dem Westen zurück. Es ist primär der gewerbliche und freiberufliche Mittelstand, der die dringend nötigen zusätzlichen Arbeitsplätze schafft. Warum entschließen sich im Osten relativ wenige zur Selbständigkeit? Warum so relativ wenige Gewerbeanmeldungen? Warum die «Unternehmerlücke»? Einer der wichtigsten Gründe liegt in der Besorgnis, als Selbständiger mit den vielerlei Paragraphen und den vielerlei über deren Einhaltung wachenden Bürokratien nicht fertig zu werden. Also sollte der Kanzler mit ruhiger Hand zum Paukenschlag ausholen – wie weiland Joseph Haydn – und mit einem Schlage Schneisen durch das Dickicht möglich machen!

Der deutsche Regulierungswahn[1]			
Jahrgang	Gesetze	Rechtsver- ordnungen	Seitenzahl insge- samt im BGBl.[2]
1990	144	341	3016
1991	65	398	2404
1992	104	430	2500
1993	112	380	2500
1994	179	451	4000
1995	64	356	2124
1996	85	381	2200
1997	100	448	3444
1998	153	439	4072
1999	89	332	2852
2000	97	330	2096

[1] Zahl der im Bundesgesetzblatt und Bundesanzeiger verkündeten Rechtsvorschriften; Stand: 5. Januar 2001
[2] Bundesgesetzblatt

Schröder würde sich damit gleichzeitig vorteilhaft von seinem Vorgänger unterscheiden. Kohl hatte einmal den schönen Vorsatz gefaßt, einen «schlanken Staat» zu schaffen. Aber weil der Weg zur Hölle mit guten Vorsätzen gepflastert ist, hat Kohl im Gegenteil in den ersten acht Jahren seit 1990 rund eintausend neue Gesetze hinzugefügt, nachdem schon mit der Vereinigung den östlichen Ländern Zigtausende Paragraphen übergestülpt worden waren. Aber unter Schröder sind weitere Gesetze und Paragraphen hinzugekommen. Zwischen 1989 und 1999 hat der Bundestag genauso viele Gesetze beschlossen wie insgesamt in den vierzig Jahren davor (so Otto Schily). Die Anzahl von Waschbecken in Kindergärten oder die Beschaffenheit einer privaten

Garage wird mit gleicher Inbrunst geregelt wie die Sicherheit eines Kernkraftwerkes.

Wir Deutschen sind regelungssüchtig – immer im Namen von Gerechtigkeit und Ordnung. Leider merken wir nicht, wie sehr wir mit unserer Sucht Freiheiten und Initiativen einschränken. Jedenfalls ist es kein Wunder, daß wir für je 100 000 Einwohner doppelt so viele Berufsrichter benötigen wie Frankreich, sogar sechsmal so viele wie England.

Eine der vorhersehbaren Folgen des Paragraphen-Abschaffungsgesetzes wird sein, daß die Arbeit in den ostdeutschen Landesregierungen und Landtagen plötzlich hochinteressant wird, vielerlei Initiativen werden plötzlich möglich, die Politik wird eine breite öffentliche Diskussion auslösen. Man stelle sich zum Beispiel vor, daß der Landtag in Potsdam den Paragraphen 6 des Baugesetzbuches ersetzen will durch die Fassung: «Eine Genehmigung gilt als erteilt, wenn nicht binnen 4 Wochen nach Eingang eines Antrages über diesen entschieden ist.» Oder daß der Landtag in Erfurt seine Befreiung von Vorschriften des Hochschulrahmengesetzes nutzt, um anschließend Ilmenau zu einer erstklassigen Forschungsuniversität auszubauen.

Eine andere Folge wird sein, daß viele Bürger und Politiker in den zehn westlichen Ländern verlangen werden: Für uns bitte auch! Auch wir möchten endlich mehr Freiheit zur eigenen Initiative. Tatsächlich darf doch der Wettbewerb zwischen den Ländern nicht darauf beschränkt bleiben, daß einer dem anderen mit Hilfe von staatlicher Vorleistung und Bodenpreisrabatt die bereits existierenden Unternehmen abwirbt.

Vielleicht gibt es dann endlich eine öffentliche Debatte über die tiefgreifende Aushöhlung des deutschen Föderalismus durch zentralisierende Gesetze – vielleicht sogar über die 1968 ins Grundgesetz, Art. 91a, eingefügten drei Gemeinschaftsaufgaben, die im Ergebnis die Verantwortlichkeiten bis zur Unkenntlichkeit verwischt haben (ich bekenne mich mitschuldig). Es wird höchste Zeit, daß wir das Subsidiaritätsprinzip nicht nur in Brüssel vergeblich zur Schau stellen, sondern daß wir uns im eigenen Hause tatsächlich danach richten!

Wer eine überflüssige Vorschrift abschafft, der erwirbt sich ein Verdienst um die res publica! Vor allem aber die östlichen Länder brauchen mehr Handlungsfreiheit. Der Solidarpakt hat den östlichen Ländern für die nächsten beiden Jahrzehnte finanzpolitische Planungssicherheit gegeben, jetzt brauchen sie mehr Freiraum für den gleichen Zeitraum. Ungewöhnliche Umstände verlangen nach ungewöhnlichem Handeln – also bitte etwas mehr Zivilcourage! Wem die Hände gebunden sind, der gerät in die Gefahr von Pessimismus und Resignation. Aber in Wahrheit haben wir dazu keinen Grund. Denn in Wahrheit sind Intelligenzquotient und Fleiß in Greifswald oder Rostock, in Dresden oder Leipzig ganz genauso groß wie in Heidelberg oder Stuttgart, wie in Göttingen oder Hamburg – das wissen wir doch aus der Erfahrung von Jahrhunderten gemeinsamer geistiger und industrieller Entwicklung und Geschichte. Also sorgt bitte mit Entschlußkraft dafür, die deutsche Geschichte gemeinsam fortzusetzen!

Weil Deutschland sich ändern muß

Mai 2003

Wieder erleben wir einen schwarzmalerischen Herdenjournalismus in Deutschland. Sind die Alarmrufe berechtigt? Ja – aber. Denn schwere Sorgen sind angezeigt. Wer tut etwas gegen die Malaise? Kanzler Schröder und seine Leute kämpfen darum, wenigstens einen Teil der drängenden gesetzgeberischen Schritte zu verwirklichen. Aber die Mehrheit des Volkes gibt sich dem Selbstmitleid und der von vielen Medien verbreiteten Massenpsychose der Ablehnung hin. Dabei darf es nicht bleiben. Haben wir nicht von Lassalle gelernt: «Aussprechen, was ist»? Wer die Tatsachen verschweigt oder beschönigt, kann kein Übel kurieren.

Tatsache ist: Ein Zehntel der arbeitsfähigen Deutschen hat keinen Arbeitsplatz; schon zu Kanzler Kohls Zeiten hatten wir über vier Millionen Arbeitslose. Tatsache ist: Im kommenden Winter werden es fünf Millionen sein. Wenn keine durchgreifenden Korrekturen erfolgen, kann die Arbeitslosigkeit steigen. Arbeitslose zahlen keine Steuern und keine Versicherungsbeiträge, wohl aber kostet eine zusätzliche Million Arbeitslose den Staat zusätzliche 15 Milliarden Euro. Tatsache ist: Unsere Wirtschaft stagniert. Tatsache ist: Seit 1995 ist der Aufholprozeß der sechs östlichen Bundesländer zum Stillstand gekommen – trotz ungeheurer Finanztransfers, die ständig drei bis vier Prozent unseres Sozialproduktes in Anspruch nehmen. Tatsache ist: Wegen der stetigen Überalterung unserer Gesellschaft und der Frühverrentung als Regelfall wird die Finanzierbarkeit der Renten zu einem Hauptproblem des Haushalts.

Erstens: Die weitgehend gesetzlich festgezurrten Strukturen

von Gesellschaft und Wirtschaft sind veraltet, sie sind den großen Veränderungen in der Weltwirtschaft nicht mehr angemes-
sen. Die Arbeitslosigkeit ist zu drei Vierteln strukturbedingt, also
hausgemacht – und das seit einem Jahrzehnt. Wir Deutschen leiden mindestens seit 1989 an einem Reformstau. Aber schon einige der Reformen der siebziger Jahre und die drei großen Grund-
gesetzreformen der großen Koalition (1966–69) sind fehlerhaft
gewesen, weil sie zu finanzwirtschaftlicher Entmündigung der
Länder und Städte sowie zur Verwischung der Verantwortung geführt haben.

Zweitens: Deutschland ist durch eine illusionistische Propagie-
rung und teilweise fehlerhafte Handhabung der wirtschaftlichen
Wiedervereinigung einem besonderen ökonomischen Handicap
ausgesetzt. Die Arbeitslosigkeit im Osten ist doppelt so hoch
wie im Westen, die Produktivität aber um fast ein Drittel niedriger.

Drittens: Wir haben es mit einer fast weltweiten konjunktu-
rellen Abflachung zu tun. Die USA, Japan, Brasilien, Argenti-
nien, neuerdings wegen SARS auch China leiden unter Wachs-
tumsschwund und Arbeitslosigkeit, so auch Euroland und damit
Deutschland.

Das strukturelle Problem ist nur langfristig zu lösen. Es legt jedem Ökonomen Einsparungen bei vielerlei Haushaltsausgaben
nahe. Aber starke Kürzungen wären heute Gift für die Konjunktur. Umgekehrt kann der heutige Abschwung nicht nur niedrige
Zentralbankzinsen erfordern, sondern vor allem *deficit spending*,
also die Ausweitung staatlicher Ausgaben, die durch zusätzliche
Kreditaufnahme finanziert werden. Den Weg des «Konjunktur-
programms» wollen viele ehemalige Marxisten, die sich zu Vul-
gär-Keynesianern gewandelt haben, beschreiten – ähnlich die
Wortführer von ver.di, IG Metall und DGB oder Lafontaine. Da-

bei bleiben sie blind für die wachsende Schuldenlast kommender Haushalte. Außerdem bevormunden Konjunkturprogramme die Länder und Kommunen immer stärker und weiten die immer komplizierteren Bürokratien aus. Statt dessen wünschen die Unternehmerverbände und «Bild» eine Steuersenkung – natürlich ebenfalls auf Pump.

Das Dilemma zwischen Kredit- und Ausgabenausweitung oder Steuersenkung und strukturpolitisch gebotener Ausgabenkürzung wird Anfang Juni auf dem Weltwirtschaftsgipfel der G 8 in Evian zur Sprache kommen – das war schon einmal zu Zeiten von Jimmy Carter der Fall. Damals wollte er Deutschland und Japan der Weltwirtschaft als «Lokomotiven» vorspannen und uns (ohne großen Erfolg) zu weitreichendem *deficit spending* drängen. Später hat der Nachfolger Reagan auf eigene Faust ein großes amerikanisches Haushaltsdefizit bewirkt. Jedoch sind größere Früchte erst in Clintons Amtszeit gereift; gleichzeitig wurde aber eine astronomische Schuldenlast aufgehäuft (einschließlich hoher Auslandsschulden). Gegenwärtig wiederholt Bush jr. das Reagansche Experiment. Deutschland darf sich auf derlei Abenteuer nicht einlassen.

Wenn es jedoch zu einer weltweiten Konjunktur- oder Deflationskrise kommt und dann auch haushaltspolitisch dagegengesteuert werden müßte, dürften wir nur eine konzertierte Aktion aller acht Gipfelstaaten plus Weltwährungsfonds akzeptieren. Im Mai 2003 stehen wir nicht vor einer solchen Weltlage. Deutschland braucht heute Ruhe an der Steuerfront. Das gilt auch für die Mehrwert-, Erbschaft- oder für eine neue Vermögensteuer.

Zweckmäßig ist es, die konjunkturell bedingten Steuerausfälle hinzunehmen und nicht durch höhere Steuersätze auszugleichen, sondern vielmehr durch eine vorübergehend höhere Kreditaufnahme (unsere private Sparrate ist sehr hoch, und das Geld will angelegt sein). Damit überschreitet das deutsche Defizit zwar weiterhin die Drei-Prozent-Grenze des Stabilitätsvertrages. Weil aber andere Euro-Staaten sich in vergleichbarer Lage befinden oder befinden werden, wird man vernünftigerweise zu einer gemeinsamen Regelung kommen (zumindest einer gemeinsamen Interpretation).

Die Rezession ist nur die sichtbare Spitze des Eisbergs. Darunter verbirgt sich das die Wirtschaft erstickende Geflecht von Abertausenden gesetzlicher und obrigkeitlicher Vorschriften. Auch wenn der Abschwung überwunden sein wird, bleibt Deutschland ein Schlußlicht in Westeuropa. Es sei denn, wir stellten die Weichen um!

Im Wahlkampf haben SPD, CDU/CSU und die drei kleinen Parteien unsere strukturelle Misere zwar gekannt, aber diese aus Angst vor den Wählern ignoriert. Dies gilt keineswegs allein für den Finanzminister des Bundes, sondern ebenso für die Finanzminister in München, Stuttgart, Dresden, Düsseldorf et cetera – und für alle 17 Regierungschefs. All die Wahlprogramme haben von Illusionen gestrotzt. Der fein ziselierte Koalitionsvertrag zwischen SPD und Grünen hat dem Illusionismus noch die Krone aufgesetzt.

Heute gibt es in beiden Volksparteien heftigen Streit, weil starke Verbände, Gewerkschaften und Funktionäre ihre Machtinteressen verteidigen und auf das massivste die Abgeordneten unter Druck setzen. Woran kann sich der «nur seinem Gewissen unterworfene» Abgeordnete halten, wenn er denn die Notwendigkeit des Strukturumbaus begriffen hat?

Er könnte wählen zwischen der Agenda 2010 (Kanzler-Rede vom 14. März) oder dem «Gemeinsamen Beschluß» von CDU und CSU (4. Mai). Dazu kommen die «Wege aus der Krise» der Bundesbank (März) oder das Jahresgutachten des Sachverständigenrates (9. November). Mit der wichtigen Ausnahme der de facto vorgeschlagenen und dringend notwendigen Aufhebung des flächendeckenden Tarifvertrages und einiger Arbeitsmarkt-Details bleibt der Katalog der CDU/CSU erheblich hinter der Agenda 2010 zurück. Aber auch diese läßt einige dringend notwendige Korrekturen außer Acht, ebenso wie die Vorschläge der Bundesbank und der Sachverständigen. Sie sind hilfreich, aber zu schmal.

Den umfassendsten Umbau-Entwurf aber könnte ein Abgeordneter in Roman Herzogs Adlon-Rede vom 26. April 1997 finden. Diese steht nicht im Verdacht, der Regierung oder einer Partei dienen zu wollen. Sie ist auch nach sechs Jahren brandaktuell, denn sie enthält alles Entscheidende. Sie geht notwendigerweise über Schröders, Merkels und Stoibers Konzepte weit hinaus. Übrigens findet sich dort auch diese Passage: «Scheinsachverständige mit Doktortitel äußern sich, Hauptsache, es wird kräftig schwarzgemalt und Angst gemacht. Wissenschaftliche und politische Scheingefechte werden so lange geführt, bis der Bürger restlos verwirrt ist ... Unser Land befindet sich aber in einer Lage, in der wir es uns nicht mehr leisten können, den Weg des geringsten Widerstands zu gehen.» Dies ist auch heute richtig, zumal die Lage noch ernster ist als anderthalb Jahre vor Ende der Ära Kohl.

Die Regierung Schröder scheint zu begreifen, daß das Wohl des Vaterlandes höher stehen muß als das der eigenen Partei. Ein Teil der sie tragenden Abgeordneten ist leider noch nicht so weit. Die Opposition spielt damit, in vielerlei Details im Bundesrat die Agenda 2010 zu blockieren. Diese ist zur Gänze unverzichtbar, sie ist aber nur ein erster Schritt. Frau Merkel hat erklärt, «zu einer nationalen Kraftanstrengung bereit» zu sein, aber sie läßt sich Hintertüren offen und propagiert Steuersenkungen, die wir uns jetzt nicht leisten können. Koch (CDU) und Steinbrück (SPD) geben ein besseres Beispiel, wenn sie gemeinsam daran arbeiten, die staatlichen Subventionen schrittweise zurückzufahren, die alljährlich den Bundeshaushalt mit über 20 Milliarden Euro belasten.

Der Bundesrat hat die Aufgabe, die Interessen der Bundesländer zu wahren, keineswegs aber die macht- und wahltaktischen Interessen der politischen Parteien. Deutschland leidet an tausend Verhinderungsinstanzen. Wer auch den Bundesrat dazu macht, mißbraucht die Verfassung. Bundespräsident Rau sollte an die 16 Länderfürsten appellieren, sich nicht noch einmal von den Parteizentralen kommandieren zu lassen. Zugleich muß der Kanzler auf die Opposition zugehen – und umgekehrt. In einer Notlage müssen alle Parteien die Gefahren in enger Zusammenarbeit abwehren.

Es ist eine erstaunliche Oberflächlichkeit der Diskussion, daß nicht erkannt wird, wie sehr das Überwuchern der Bundesgesetzgebung die Handlungsfreiheit der Länder und der Städte beschnitten und sogar gelähmt hat. Der Normalbürger kann sich dieses Dickicht kaum vorstellen. Wer die Verkrampfung lösen will, muß klare Zuständigkeiten herstellen. Die so genannte Finanzreform des Jahres 1968, welche die Länder finanzpolitisch entmündigt hat, bedarf dringend der Korrektur.

Am schlimmsten ist die Lage der sechs ostdeutschen Länder, denen man 1990 Tausende von Gesetzen übergestülpt hat. Deren Landtage brauchen einen eigenen Spielraum für Deregulierung, damit ein Mittelstand sich entwickeln kann. Der Osten braucht einen Vorteil bei den bundesgesetzlich fixierten ökonomischen Rahmenbedingungen. Der Osten kann nicht auf Dauer mit Transfers von jährlich um 65 bis 75 Milliarden Euro rechnen, braucht aber eine spürbare Mehrwertsteuer-Präferenz für ostdeutsche Produkte. Das wirtschaftliche Zurückbleiben unseres Ostens ist ein schwerer Hemmschuh für die gesamte Volkswirtschaft – und eine schwere Bürde für den Sozialstaat. So ist Deutschland Hemmschuh für das Wachstum von Euroland geworden.

Die meisten strukturellen Fehlentwicklungen muß die ganze politische Klasse verantworten, so auch die Verdoppelung der Schuldenlast von Bund, Ländern und Städten in den letzten zwanzig Jahren. Alledem liegt übertriebener Opportunismus gegenüber Wählern zugrunde. Sogar noch in diesem Frühjahr haben alle die erpresserische Streikdrohung von ver.di hingenommen. Die Wortführer müssen sich ihres Opportunismus bewusst werden. Etwas weniger politisches Geschwätz in den Fernseh-Talkshows, bitte.

Optimismus fällt uns gegenwärtig nicht leicht. Aber die erste Nachkriegsgeneration hat doch Zielstrebigkeit und Tatkraft vorgemacht – und die heutige Generation deren Gene geerbt. Sie hat auch den demokratischen Aufbau geerbt, die Leistungsfähigkeit, den Sozialstaat und die Vereinigung der lang geteilten Nation. Unsere Wirtschafts- und Exportkraft steht hinter Amerika und Japan an dritter Stelle. Unsere Löhne sind die höchsten der Welt; wir haben die meisten bezahlten Feier- und Urlaubstage; unser Gesundheitssystem ist eines der besten der Welt. Unsere Renten sind höher als je zuvor, unser Wohlstand und unsere privaten Ersparnisse sind es auch. Unter diesen glänzenden Voraussetzungen sollen unsere Politiker zum Umbau nicht fähig sein? Wollen wir denn auch noch Weltmeister im Jammern werden?

Selbstverständlich kann während des Umbaus der Wohlstand nicht steigen. Aber ohne Umbau würde er sinken und sinken.

Die meisten Fehler der Wiedervereinigung
sind nicht korrigierbar

Januar 2004

Herr Bundeskanzler, wir erinnern uns noch an die Ära Jimmy Carter; seinerzeit warnten Sie uns Journalisten jedesmal, bevor wir in Washington landeten, vor deutscher Selbstüberschätzung. Sie verglichen die Größe der damaligen Bundesrepublik mit der des Kleinstaates Oregon. Haben Sie heute Verständnis für Gerhard Schröder, unter dessen Ägide es wegen des Irakkriegs zu zeitweiliger deutsch-amerikanischer Sprachlosigkeit kam?

Ich habe nicht nur Verständnis für Schröder in seiner Ablehnung des Irakkriegs, sondern ich hätte mich auch nicht am Irakkrieg beteiligt. Die Art und Weise, wie man das in Berlin gespielt hat, die *façon de parler,* die hat mir nicht gefallen. Aber in der Sache habe ich nichts zu kritisieren.

Seit dem Irakkrieg hat sich das Verhältnis zwischen Deutschen und Amerikanern verschlechtert. Können wir uns erlauben, daß diese Entfremdung sich fortsetzt?

Das ist mir zu pauschal gefragt. Das freundschaftliche Verhältnis zwischen den Amerikanern insgesamt und den Deutschen insgesamt besteht aus einer Vielfalt von Komponenten, nicht nur aus den Beziehungen zwischen den beiden Regierungen, die gerade zufällig im Amt sind. Eine der Komponenten, die in den fünfziger, sechziger, siebziger, achtziger Jahren besonders wichtig waren, war die Tatsache, daß Westdeutschland und West-Berlin angewiesen waren auf das Verteidigungsbündnis mit der amerikanischen Schutzmacht, die das Gleichgewicht zur militärischen Macht der Sowjetunion wahren konnte. Die Implosion der Sowjetunion zu Beginn der neunziger Jahre hat diese Komponente des deutsch-amerikanischen Verhältnisses in ihrer Bedeutung drastisch reduziert. Wir sind nicht bedroht von Rußland. Infolgedessen denkt auch niemand daran, gemeinsame militärische Pläne für den Fall eines russischen Angriffs zu machen. Wenn ich es ganz scharf zuspitzen wollte, könnte ich sagen: das Bündnis mit Amerika, genannt Nato, ist auf der Suche nach einem Feind.

Was folgt daraus?

Heute spielen die vielen anderen Komponenten des Verhältnisses zwischen zwei wichtigen Völkern eine relativ größere Rolle, als sie es bis zum Zusammenbruch der Sowjetunion gespielt haben. Die Amerikaner sind sehr viel wichtiger als wir – aber wir sind, zumal in Europa, auch nicht unwichtig.

War die deutsch-französische Achse gegen die amerikanische Irak-Politik ein Fluch oder ein Segen?

Weder noch. Das ist auch nicht der Kern der Sache. Das Wort Achse stimmt sowieso nicht, denn es sind die Regierungen in Paris und Berlin unabhängig voneinander zum gleichen Ergebnis gekommen, nicht in Kooperation miteinander. So kommt es jedenfalls mir vor; ich bin Zeitungsleser und kein Insider. Mindestens genauso wichtig ist es jedoch, daß die Art und Weise, die *façon de parler* in Berlin und Paris, dazu geführt hat, daß es gewissen Kräften in Amerika ein leichtes war, die Europäische Union außenpolitisch aufzuspalten.

Acht europäische Staats- und Regierungschefs bekundeten Ende Januar 2003 in einem offenen Brief ihre Unterstützung für den Irak-Kurs von US-Präsident Bush.

Die Aufspaltung der europäischen Außenpolitik in Sachen Amerika versus islamische Welt ist ein mindestens so wichtiger Aspekt wie das Zusammenspiel zwischen Paris und Berlin, das sich im Laufe der letzten zwei Jahre ergeben hat. Trotz des jahrelangen Geredes von Staatspräsidenten, Bundeskanzlern, Ministerpräsidenten und ähnlich bedeutenden Würdenträgern über eine gemeinsame Außen- und Sicherheitspolitik war Europa plötzlich uneins. In dem ersten Augenblick, da eine sicherheitspolitische Frage von Gewicht auftrat, war von dem ganzen Geschwätz nichts mehr zu hören. Dieses Urteil schließt Paris und Berlin genauso ein wie alle diese Wichtigtuer, die uns ein paar Jahre lang mit ihren europäischen Konzepten bereichert haben. Jeder hielt einen großen Vortrag, EU-Kommissionspräsident Prodi hat allein drei große Vorträge gehalten über die Zukunft Europas.

Außenminister Joschka Fischer nur einen.

Auch der war überflüssig und hat auch nicht dazu beigetragen, daß Herr Fischer befähigt war, in der Konferenz der Regierungen Einigkeit über den Entwurf des Konvents herzustellen. Diese erheblichen Meinungs- und Interessenverschiedenheiten aus Anlaß des Irakkrieges können dazu führen, daß man später aus der historischen Rückschau zu dem Ergebnis kommt, das war der Punkt, an dem wir den Traum von den Vereinigten Staaten von Europa beerdigen mußten. Das Wort von den Vereinigten Staaten von Europa stammt übrigens von einem Engländer, der Winston Churchill hieß; es stammt nicht vom Franzosen Jean Monnet.

Wie beurteilen Sie den deutsch-französischen Umgang mit dem Euro-Stabilitätspakt? Ist das ein positives oder ein negatives Beispiel für die Zusammenarbeit zwischen Berlin und Paris?

Weder noch. Ich habe diesen Stabilitätspakt nie für besonders vernünftig gehalten. Er ist zustande gekommen, weil die Bundesbank, geführt von Hans Tietmeyer, ihn unbedingt wollte. Dann hat sich der deutsche Finanzminister Theo Waigel der Sache angenommen. Formuliert hat den Vertrag wohl Horst Köhler, der jetzige Chef des Internationalen Weltwährungsfonds. Ich habe damals mit Köhler diskutiert. Ich schätze ihn sehr, er ist ein tüchtiger Kerl. Ich sagte: «Sie wollen für alle europäischen Länder ein und dasselbe Ausmaß an laufender Staatsverschuldung und an aufgelaufener Gesamtstaatsverschuldung vorschreiben, aber die Verhältnisse in den Ländern sind doch völlig verschieden. Die Deutschen haben eine Sparrate von 13 Prozent, andere sparen nur halb soviel.» Es lag nahe, daß dieser Pakt nicht ewig würde halten können. Gleichwohl hatte ich Verständnis für die Bundesbank, denn irgendeine Bremse gegenüber horribler Staatsverschuldung, wie sie in Italien und Belgien üblich war, mußte gefunden werden. Vielleicht hätte man eine bessere Bremse finden können. Jedenfalls ist dieser Vertrag wirklich nicht aus Granit, nicht einmal aus Beton.

Wird der Stabilitätspakt also bald ad acta gelegt?

Weiß ich nicht, ich will hier keine Überschriften in die Welt setzen. Ich habe diesen Pakt nie für der Weisheit letzten Schluß gehalten.

Aber Sie würden es anscheinend kaum für tragisch halten, wenn er in seiner strengen Lesart nicht länger befolgt würde.

Ich kann diese Diskussion mit dem Ziel, spektakuläre Überschriften herauszukitzeln, nicht leiden. Der Vorgang ist insofern tragisch, als hier natürlich ein Stück Vertrauen der öffentlichen Meinung zum Teufel geht. Aber diese Schwarz-weiß-Diskussion führt zu nichts.

Sie sind einer der Architekten der Europäischen Einheitswährung. Gemeinsam mit Frankreichs Staatspräsidenten Giscard d'Estaing setzten Sie das Europäische Währungssystem durch. Sind Sie mit der Entwicklung des Euro zufrieden?

Im großen und ganzen ja. Ohne den Euro würde der Dollar mit den europäischen Währungen einschließlich der D-Mark wie mit Fußbällen spielen.

Immer mehr Notenbanken nutzen heute den Euro an Stelle des Dollars als Reservewährung.

Das war vorauszusehen, das haben wir von Anfang an unterstellt und gewollt.

Wie weit sind Deutsche und Amerikaner heute ökonomisch aufeinander angewiesen?

Auch nicht mehr als andere europäische Industriestaaten einerseits und Amerika andererseits. Etwa die Hälfte der deutschen Exporte geht nach Europa. Und von der anderen Hälfte geht ein Teil nach Amerika, ein Teil geht nach China, ein anderer nach Japan, ein anderer in die gesamte Dritte Welt, nach Südamerika, nach Asien, ein bißchen auch nach Afrika. Als Exportkunde der deutschen Volkswirtschaft ist Amerika wichtig, aber keineswegs überragend wichtig.

Aber entfaltet die Verschlechterung der Beziehungen zwischen den Regierungen Bush und Schröder nicht auch negative Wirkungen auf die Wirtschaft?

Kaum.

Immerhin werden die Regeln der Wirtschaft zu großen Teilen in Amerika gemacht.

Aber nicht von der amerikanischen Regierung, und auch nur zum kleineren Teil vom amerikanischen Kongreß, sondern von der amerikanischen Zentralbank, der Fed, und von der Wirtschaft selbst.

Institutionelle Anleger in den USA lassen sich womöglich beeinflussen von der politischen Administration.

Ein institutioneller Anleger, von denen es in Amerika Tausende gibt, wird sich nicht von der Condy Rice, der Sicherheitsberaterin des Präsidenten, oder von Verteidigungsminister Donald Rumsfeld erzählen lassen, wo die höchste Rendite zu erwarten sei.

Finden Sie es bedrohlich, daß – als Folge gewaltiger US-Defizite bei Haushalt und Leistungsbilanz – der Euro gegenüber dem Dollar so stark geworden ist?

Warum soll es eine Bedrohung sein? Ich habe den Dollar schon in den achtziger Jahren auf dieser niedrigen Ebene erlebt, das war gegen Ende der Regierung Reagan. Das doppelte Defizit ist auch nicht zum erstenmal auf der Welt. Damals dachte man, das dicke Leistungsbilanzdefizit sei im wesentlichen verursacht durch das dicke Staatsdefizit. Gegenwärtig erleben wir einen Wettlauf zwischen dem sich abwertenden Dollar und dem von der chinesischen Regierung niedrig gehaltenen Yuan. Wir müssen wohl davon ausgehen, daß die Amerikaner sich noch längere Zeit leisten können, jedes Jahr ihre Auslandsverschuldung um 500 Milliarden Dollar zu erhöhen. Sie können es sich leisten, solange die Leute glauben, daß Amerika die große Kraft, der sichere Hafen ist.

Wie bedeutsam ist die wirtschaftliche Entwicklung der USA für die Konjunktur in Deutschland?

Sie kann im Einzelfall eine größere und im Einzelfall eine kleinere Rolle spielen. Die konjunkturelle Entwicklung in Deutschland ist aber nur die eine Sache. Die strukturelle Entwicklung unserer Wirtschaft wird sehr viel weniger beeinflußt von Vorgängen draußen in der Weltwirtschaft als von dem, was wir hier zu Hause tun und lassen, vor allem von dem, was wir lassen, was wir nicht in Ordnung gebracht haben. Hinzu kommt aber, daß es uns in anderthalb Jahrzehnten nicht gelungen ist, einen Aufholprozeß der ostdeutschen Wirtschaft aufrechtzuerhalten. Er ging 1995 praktisch zu Ende. Heute transferieren wir jedes Jahr öffentliche Finanzmittel von über 80 Milliarden Euro in die ostdeutschen Länder. Das sind vier Prozent unseres Sozialprodukts. Für Tante Emma hört sich das klein an, aber man muß sich einmal eine Vorstellung davon machen, was es wirklich bedeutet.

Nämlich?

Nehmen wir ein Beispiel aus Amerika. Der riesenhafte amerikanische Militärhaushalt, der die USA befähigt zu einer enormen machtpolitischen Rolle, beträgt ebenfalls vier Prozent des US-Sozialprodukts. Die geben vier Prozent für Verteidigung aus, ein großer Teil davon fließt in Forschung und Entwicklung und befördert so den Vorsprung Amerikas in der zivilen Technik. Ein anderer Teil münzt sich aus als Macht in der ganzen Welt.

Wo ist die Verbindung zu den Transfers nach Ostdeutschland?

Wir geben vier Prozent unseres Sozialprodukts für allgemeine Unterstützung der östlichen Bundesländer aus – in Wirklichkeit aber, damit sie als Arbeitslosengeld, als Rente, als Lohnzuschüsse und dergleichen im Osten Deutschlands aufgegessen werden. Daß wir den Aufholprozeß Ost nicht fortgesetzt haben, ist für die Entwicklung Deutschlands von viel größerer Bedeutung als die gegenwärtige konjunkturelle Delle.

Weshalb kam der Aufholprozeß zum Erliegen?

Nicht zuletzt deswegen, weil die Maßnahmen, mit denen man den Aufholprozeß zunächst in Gang gesetzt hatte, später kaum noch positive Wirkung erzielten. Die Änderungen im Einkommen- und im Körperschaftsteuerrecht, die Abschreibungs- und die rechtlichen Hilfen lösten zunächst zwar einen Boom der Bauwirtschaft aus. Aber eine derart überdimensionierte Bauwirtschaft wird auf Dauer nicht gebraucht. Es hat keinen Zweck, in Kleinkleckersdorf einen dritten Supermarkt und noch einen zweiten Gewerbepark zu bauen.

Welche politischen Versäumnisse erkennen Sie?

Es gibt eine Reihe von Fehlern. Heute, mit einem Abstand von mehr als einem Jahrzehnt, ist es leicht, das festzustellen, und wird dann leicht als billige Kritik ex post hingestellt. Aber natürlich sind schwere Fehler gemacht worden. Einer der schwersten war die Umstellung der Löhne und der Preise im Verhältnis eins zu eins.

Demnach waren Sie in diesem Punkt der gleichen Meinung wie Oskar Lafontaine?

Ich kenne Herrn Lafontaines Meinung nicht. Ich kann mich aber gut erinnern, daß er mich damals nicht hat überzeugen können, wenn er zu erkennen gab, er sei aus ökonomischen Gründen gegen die Vereinigung. Nach meiner Meinung durfte man auf keinen Fall so weit gehen.

Kann man die Fehler der Wiedervereinigung heute noch korrigieren?

Die meisten Fehler nicht. Sie können die Illusionen, die erzeugt wurden mit den blühenden Landschaften, nicht mehr korrigieren. Sie können die Art und Weise, wie die Währungsumstellung vorgenommen worden ist, nicht mehr korrigieren. Sie könnten vielleicht wenigstens teilweise den Fehler korrigieren, daß einige achtzigtausend Paragraphen westdeutschen Rechts der ostdeutschen Wirtschaft über Nacht übergestülpt wurden – was zur Folge hatte, daß dort niemand mit diesen Gesetzen fertig werden konnte, weder in der staatlichen noch in der kommunalen Verwaltung, noch in den Unternehmen.

Durch Bürokratieabbau?

Auch durch Bürokratieabbau, Bürokratie können Sie aber nur abbauen, wenn Sie vorher Gesetze abbauen.

Was Sie sagen, legt folgenden Schluß nahe: Das Institutionengerüst, das Westdeutschland zum Zeitpunkt der Wiedervereinigung besaß und das der DDR damals übergestülpt wurde, war veraltet und lähmte den Osten.

Selbstverständlich. Darüber brauchen wir nicht zu streiten. Die Agenda 2010 wäre fällig gewesen im Jahre 1993.

Aber was konkret würden Sie der Politik heute empfehlen, um den Aufholprozeß wieder in Gang zu bekommen?

Ich habe dazu zwei Vorschläge gemacht, die ich seit Jahr und Tag wiederhole. Der eine Vorschlag kostet ein bißchen Geld: Ich würde für alle Wertschöpfungen auf dem Boden der ehemaligen

DDR den Mehrwertsteuersatz halbieren. Das wäre relativ leicht zu verwirklichen. Es wird aber natürlich nicht geschehen, weil tausend Leute behaupten werden, es benachteilige ihren Laden in Stuttgart, Kiel oder München.

Mancher würde womöglich wirklich sein Geschäft in die neuen Länder verlagern.

Das wäre ja nicht schlecht. Der zweite Vorschlag ist sehr viel komplizierter umzusetzen: durch Grundgesetzänderung müßte für eine bestimmte Frist – sagen wir: zehn, zwölf oder fünfzehn Jahre – den sechs ostdeutschen Landtagen das Recht eingeräumt werden, durch Landesgesetz vom geltenden Bundesgesetz abzuweichen, und zwar auf vielen Gebieten, vom Arbeitsmarkt bis zum Umweltschutz.

Wen unter den lebenden deutschen Sozialdemokraten nehmen Sie wegen seines ökonomischen Sachverstands ernst?

Mir fehlt die personalpolitische Übersicht, ich bin 85. Die Leute, die heute regieren, sind alle 30 Jahre jünger als ich. Ich kann sie alle gar nicht kennen, ich kann auch die Talente nicht erkennen, dafür bin ich zu alt und zu weit weg. Es gibt einige, die mir Vertrauen einflößen, dazu gehört zum Beispiel Wolfgang Clement. Aber ich muß die Frage ablehnen wegen Mangels an Personenkenntnis.

Wie würden Sie den wirtschaftspolitischen Kurs von Kanzler Schröder charakterisieren?

Seit dem Sommer des letzten Jahres ist er auf dem richtigen Kurs.

Gekennzeichnet durch was?

Muß ich alles kennzeichnen?

Verfolgt Schröder, wie manche behaupten, einen neoliberalen Kurs?

Verschonen Sie mich mit Schlagworten.

Und wie bewerten Sie, rückblickend, Ihren eigenen wirtschaftspolitischen Kurs als Kanzler? Immerhin stiegen damals Arbeitslosigkeit und öffentliche Verschuldung schon kräftig an. Haben Sie seinerzeit Fehler begangen?

Ökonomische Fehler kaum. Unsere Arbeitslosigkeit war Folge einer fulminanten Weltwirtschaftskrise. Ich darf Sie daran erinnern, daß 1973 und abermals 1979 die Ölpreise, die Anfang 73 noch unter zwei Dollar pro Barrel gelegen hatten, plötzlich bei 30 Dollar lagen. Das hatte Konsequenzen für alle Volkswirtschaften, die auf Öl angewiesen waren. Wenn man Deutschland mit anderen Industrieländern vergleicht, die wie Deutschland selbst kein Öl haben, sind wir damals ökonomisch nicht schlecht gefahren – sowohl was die Arbeitslosenprozente als auch was die Inflationsprozente angeht. Vergleichen Sie mal die entsprechenden Daten Frankreichs, Italiens et cetera. Da stehen wir nicht schlecht da.

Heutzutage hört man von Älteren immer öfter das Urteil, die Politik und die Politiker seien schlechter geworden als früher. Nehmen Sie das auch so wahr?

Ich sehe das anders. Wenn man im Hinblick auf Qualität, Urteilskraft, Tatkraft, Durchsetzungsvermögen, Intelligenz und moralisches Fundament einen Vergleich zieht, so findet man bei den heute Regierenden in Rom, London, Paris, Berlin, Warschau oder Washington einen wichtigen Unterschied zu den vorangegangenen Generationen. Der heutige amerikanische Senat setzt sich zusammen aus hundert Personen, alles angesehene Leute – ein einziger ist darunter, der einen Sohn im Irak-Einsatz hat. Von den Ministern des Herrn Bush hat wahrscheinlich kein einziger, einschließlich seiner selbst, eigene Kriegserfahrung. Von den Leuten, die in Deutschland oder Frankreich regieren, hat keiner Kriegserfahrung. Das sind aber alles Leute, die entscheiden über Krieg und Frieden – in Bosnien, gegen Belgrad, im Kosovo oder in Afghanistan, Ruanda, Burundi, Somalia oder im Irak. Sie wissen aber nicht, was Krieg ist.

Wie war das bei Ihren Freunden Präsident Gerald Ford oder Reagans Außenminister George Shultz?

Da sind wir bei meiner Generation und bei der Generation davor. Wir wußten, was Krieg ist, wir waren unendlich viel vorsichtiger.

Waren Shultz und Ford im Krieg?

Ja, natürlich. Der britische Premier Jim Callaghan auch. Sogar Giscard, obwohl viel jünger als ich. Und die Generation davor, Kurt Schumacher oder Konrad Adenauer, die kannten den Krieg und seine Folgen. Der eine kam aus dem Zuchthaus der Nazis, der andere kam aus der erzwungenen Emigration oder der inneren Emigration zurück. Viele hatten ihre Brüder verloren, ihre Ehefrauen, ihre Väter, ihre Mütter. Sie waren durch die ganz große Scheiße gegangen, auch in England, auch in Frankreich. Sie wollten nicht etwas werden, sie wollten auch nicht unbedingt regieren. Sie wollten, verdammt noch mal, alles dafür tun, daß sich dieses Unheil nicht wiederholen kann.

Es klingt, als würfen Sie den heute Regierenden Leichtfertigkeit vor.

Nein, Unbefangenheit ist ein besseres Wort. Was ich sagen will: die jetzt Regierenden in Amerika und Europa hatten im Gegensatz zu den beiden vorangegangenen Generationen ein relativ einfaches und normales Leben. Und sie sind nicht durch ungewöhnliche, schlimme Zeiten gehärtet worden.

Zu Ihrer Zeit gab es große Debattenredner, Sie, selbstverständlich, eingeschlossen. Kennen Sie jemanden, der da heute noch mithalten könnte?

Heute kann kaum einer mithalten mit meiner und der vorangegangenen Generation. Das liegt aber nicht an den Politikern, sondern das liegt an den Sabbelshows im Fernsehen. Das Fernsehen ist ein Medium, das sowohl diejenigen, die dort auftreten, als auch das Publikum zur Oberflächlichkeit erzieht. Die Printmedien haben sich dem angepaßt. Wenn da was Kompliziertes vorgetragen wird über Zinsdifferenzen, dann schaltet der Zuschauer um, dann zappt er zu HSV gegen Borussia Dortmund. Ein Politiker, der im Fernsehen zu Wort kommt, weiß, daß er maximal anderthalb Minuten Zeit hat. Was kann er in anderthalb Minuten sagen? Gefällige Überschriften, damit Tante Alma findet, daß er eigentlich Recht hat.

Auch wenn Sie das Thema Sozialdemokratie ausklammern wollten, möchten wir Ihnen zum Schluß doch ein paar Sätze zur SPD entlocken. Sie selbst haben mal bedauert, daß Sie als Kanzler nicht auch den Parteivorsitz angestrebt haben. Hat es Schröder bisher eigentlich genützt, daß er beide Ämter innehat?

Jedenfalls wäre seine Regierung in unüberwindliche Schwierigkeiten gekommen, wenn er weiterhin Kanzler und Herr Lafontaine weiterhin Parteivorsitzender gewesen wäre.

Wie empfanden Sie die Abstrafung von Clement, Eichel und letztlich auch von Schröder auf dem Bochumer Parteitag?

Das Wort Abstrafung sagt mir gar nichts.

Clement bekam gerade mal knapp über fünfzig Prozent der Stimmen.

Das ist eine ganze Menge. Jemand, der von 90 oder 95 Prozent gewählt wird, wäre mir allein durch diese Tatsache schon verdächtig. Wieso die große Zustimmung, hätte ich gefragt, hat er es besonders gut fertiggebracht, anderen Leuten nach dem Mund zu reden?

Der Sieger des Parteitages war der Fraktionsvorsitzende Franz Müntefering. Er setzte gegen Schröder und Clement beispielsweise eine Ausbildungsabgabe der Wirtschaft durch. Können Sie sich aus Ihrer Zeit als Kanzler erinnern, daß Sie jemals eine vergleichbare Opposition von Fraktionschef Herbert Wehner erlebten?

Ich kann diesen Parteitag nicht beurteilen, ich war nicht da. Aber was Wehner und Schmidt angeht: Zwischen diesen beiden hat es keinen auch nur mit der Lupe auffindbaren Konflikt gegeben.

176

Viele Zeitungskommentatoren schrieben nach dem Bochumer Partei-
tag, Müntefering spiele heute eine Rolle wie seinerzeit Wehner.

Das kann ich dem Schröder nur wünschen.

Derzeit liegt die SPD in Umfragen näher am 18-Prozent-Traumergeb-
nis der FDP als an der 40-plus-X-Marke, welche die Regierung sichert.
Ist das noch aufzuholen bis zu den Bundestagswahlen 2006?

Ist nicht mein Bier, mich darauf einzulassen. Jedenfalls wird
die Sozialdemokratische Partei auch im Jahre 2006 nicht untergehen.

Den Aufholprozeß des Ostens
wieder in Gang bringen

Mai 2004

Ich habe mich heute morgen, als ich mich vorbereitet habe auf den heutigen Abend, an einen Tonbandmitschnitt erinnert und habe ihn auch tatsächlich in meinem Archiv gefunden. Es handelt sich um eine Rede, die ich im Winter 1989 auf 1990 in Rostock gehalten habe, im Februar 1990, noch bevor de Maizière Ministerpräsident der DDR wurde. Da habe ich gelesen, was ich vor Tausenden von Leuten auf dem Marktplatz zu Rostock – der ist nicht ganz so schön wie euer Domplatz hier mit den beiden großen Kirchen –, was ich denen gesagt habe. Der Tenor war: Es wird sehr schwierig werden, aber ihr werdet die Probleme meistern. Ihr könnt das!

Und so ähnlich würde ich auch heute noch denken und reden. Ich habe damals den Rostockern eine große Arbeitslosigkeit vorhergesagt. Ich habe ihnen allerdings auch vorhergesagt, daß ihre deutlich niedrigeren Löhne dazu beitragen würden, daß der Export in den Westen in Gang käme. Ich habe damals nicht vorhergesehen, daß die Sowjetunion und der Rat für gegenseitige Wirtschaftshilfe, RGW oder Comecon genannt, zusammenbrechen würden. Ich habe nicht vorhergesehen, daß auf diese Weise sämtliche ehemaligen Exportkunden der DDR verschwinden würden. Aber ich habe den Export in Richtung Westen aufgrund niedrigerer Löhne, das heißt niedrigerer Kosten, für möglich gehalten.

Ich habe damals nicht damit gerechnet, daß Löhne und Preise im Juli 1990, also ein halbes Jahr später, im Maßstab 1:1 von Mark-Ost auf D-Mark-West umgestellt werden. Das war einer der schweren Fehler, die 1990 gemacht wurden. Es war kein Feh-

179

ler, die D-Mark einzuführen, aber dieses Umstellungsverhältnis war ein Fehler.

Was das bewirkt hat, konnte jeder anschließend miterleben. Ich weiß nicht, wie lange jemand im Sommer 1989 auf die Zuteilung seines Trabis gewartet hat. Aber schon im Herbst 1990 wollte keiner mehr einen Trabi kaufen, wegen der Umstellung des Preises 1:1 in D-Mark-West. Das war der Trabi nicht wert. Da konnte man billiger einen gebrauchten Ford oder einen gebrauchten Opel oder einen gebrauchten VW kaufen. Der war billiger und außerdem besser. Dieses Beispiel des Trabis zeigt, wie schlimm allein dieser eine Fehler war (da sind noch mehr Fehler gemacht worden): die Umstellung der Preise und Löhne im Verhältnis 1:1 von Mark-Ost auf D-Mark-West.

Ich habe auch manche der anderen Fehler, die im Laufe des Jahres 1990 gemacht wurden, nicht für möglich gehalten. Ich hatte damals einen ganz guten Überblick über die wirtschaftliche Lage der DDR. Das hängt damit zusammen, daß ich mich seit 1959 eingehend mit der Wirtschaft der DDR beschäftigt habe. 1959 war ich ein junger Mann von gerade 40 Jahren (da können Sie sich ausrechnen, wie alt ich heute bin!) und war Vorsitzender einer kleinen Gruppe von Ökonomen, Wissenschaftlern und Abgeordneten, die ein Gutachten erstellten für den Fall, daß eine politische Vereinigung möglich wird. Thema: Wie muß man die wirtschaftliche Vereinigung gestalten – 1959? Aufgrund unserer Unterlagen haben wir geschätzt, daß die Produktivität Westdeutschland – Ostdeutschland sich verhielt wie fünf zu drei. 30 Jahre später, 1989, verhielt sie sich wie zehn zu drei.

Während der 13 Jahre der sozialliberalen Koalition in Bonn, in denen ich Minister und Regierungschef gewesen bin, haben wir jedes Jahr beim innerdeutschen Ministerium, bei der Forschungsstelle für gesamtdeutsche wirtschaftliche und soziale Fragen, ein Gutachten erstellen lassen über die Lage der Wirtschaft in der

DDR und wie man damit umgehen soll. Das Schlimme ist, daß Herr Kohl, der damalige westdeutsche Bundeskanzler 1989/90, und der damalige ostdeutsche Ministerpräsident, Herr de Maizière, überhaupt nicht wußten, daß es solche Gutachten gibt. Sie haben ihre Entscheidungen aus dem Handgelenk getroffen und glaubten tatsächlich an diesen Unfug, innerhalb von vier Jahren ökonomisch blühende Landschaften schaffen zu können. «Das macht alles der Markt», haben sie gedacht.

Tatsächlich – Herr Althaus hat es eben gesagt – war 1988 die DDR schon pleite, ohne daß es Herr Honecker gemerkt hat und ohne daß Sie es gemerkt haben. Pleite in dem Sinne, daß die Auslandsschulden höher waren als die Guthaben. Ich weiß das inzwischen von einem der damals führenden Wirtschaftler der DDR, von Herrn Dr. Schürer, das war der nächste Mann unter Herrn Mittag. Herr Schürer hat mir bestätigt, daß er bereits vor 1988 in einem Gutachten für die SED-Führung dargelegt hatte, wie verschuldet die DDR war; aber Herr Mittag hat das unterdrückt, und Herrn Honecker hat es nicht erreicht.

Als dann die beiden Regierungen im ersten Halbjahr 1990 miteinander verhandelten und unter sehr wohlwollender Führung durch Bush sen. und Gorbatschow den Zwei-plus-Vier-Vertrag miteinander aushandelten, habe ich eine große Zahl von Aufsätzen geschrieben in der ZEIT. Ich habe mich dafür eingesetzt, die Steuern in Westdeutschland zu erhöhen. Ich habe mich eingesetzt für eine Vermögensabgabe der Westdeutschen. Gleichzeitig habe ich versucht, plausibel zu machen, daß es viel Zeit brauchen würde, um die ostdeutsche Wirtschaft anzugleichen. Ich habe vorgeschlagen, einen Pakt für die Einheit auszuarbeiten, und angeregt, daß alle politischen Parteien dafür zusammenwirken müßten. Aber statt dessen haben die beiden Regierungen gemeinsam vielerlei Fehler gemacht. Und sie haben sich auf die Marktwirtschaft verlassen. Marktwirtschaft ist eine gute und not-

wendige Sache. Aber die Marktwirtschaft allein konnte den Aufholprozeß, der notwendig war für die Wirtschaft der DDR, nicht
zustande bringen.

Die westdeutsche Regierung hat damals Einkommensteuer-
erleichterungen für Investitionen in der DDR eingeführt. Die Erleichterung kam denjenigen Wessis zugute, die einen Teil ihres
Kapitals in Erfurt, Weimar oder in Rostock investierten, im wesentlichen in Gewerbeparks, Supermärkten, Hotels, Restaurants
und dergleichen, zu einem Teil auch in wirtschaftlich dringend
notwendige Investitionen. Die Regierung hat damit einen Bauboom in der DDR ausgelöst und eine Überdimensionierung der
Bauwirtschaft, unter der heute noch alle leiden.

Sie haben auch andere Fehler gemacht. Ich hatte zum Beispiel vorgeschlagen, sämtliche Schulden, die eine staatliche
Stelle bei einer anderen staatlichen Stelle hatte, etwa bei der
Zentralbank der DDR, ersatzlos zu streichen. Zum Beispiel
Hypothekenschulden. Ihre Genossenschaftsbauten – ich nehme an, auch die in Erfurt – sind mit hohen Hypotheken gebaut worden. Und der Hypothekengläubiger war in Wirklichkeit die Staatsbank. Die westdeutsche Regierung hat nach dem
Jahre 1990 im Zuge der Privatisierung diese Hypotheken verkauft, zum Beispiel – das wird wohl für Thüringen eine Rolle
spielen – an die Bayerische Hypothekenbank. Diese Hypotheken spielen in den Bilanzen westdeutscher Banken heute eine
wichtige Rolle – etwa bei der Hypovereinsbank in München –,
weil sie, wie sich später herausgestellt hat, nicht ganz so viel
wert sind wie ursprünglich angenommen. Auf diese Weise sind
Sie als Mieter heute damit belastet, Hypotheken verzinsen und
tilgen zu müssen, die man besser gestrichen hätte. Das hätte
man 1990 gekonnt, ohne daß jemand Schaden genommen hätte, weil der Hypothekengläubiger die Zentralbank der DDR
war, und die wurde aufgelöst.

Ich erwähne diese Beispiele, weil es sonst zu theoretisch klingt, wenn einer sagt: Da sind viele Fehler gemacht worden.

Noch ein drittes Beispiel will ich nennen: Über Nacht wurden ungefähr 80 000 westdeutsche Paragraphen Gesetz in der DDR. Und kein Mensch hier kannte die und konnte daraus schlau werden. Kein Finanzamtsvorsteher, kein Arbeitsamtsvorsteher – Finanzämter und Arbeitsämter mußten erst geschaffen werden. Deshalb wurden überall Beamte aus Westdeutschland geholt, die Oberstadtdirektoren und Finanzamtsvorsteher, sogar Universitätsrektoren, weil sie gelernt hatten, mit diesen Gesetzen umzugehen, so daß sie sich nicht strafbar machten. Die plötzliche Einführung all dieser vielen Gesetze und Paragraphen war in meinen Augen einer der ganz schweren Fehler.

Nun zur heutigen Lage, 15 Jahre später. Mir scheint, das Wichtigste ist, daß die Politiker ehrlich aussprechen, was ist. Zum Beispiel die Tatsache aussprechen, daß der Aufholprozeß des Ostens seit den Jahren 1995/1996 zu Ende gegangen ist. Das heißt nicht, daß sich bei Ihnen die Wirtschaft nicht langsam weiter entwickelt, aber sie holt nicht mehr auf gegenüber der Wirtschaft im Westen Deutschlands. Der Aufholprozeß ist zu Ende gegangen. Sie können das leicht sehen, wenn Sie zum Beispiel die Arbeitslosigkeit vergleichen. Die ist im Osten Deutschlands etwas mehr als doppelt so hoch wie im Westen Deutschlands. Und das ist nun seit Mitte der neunziger Jahre so und nicht mehr besser geworden.

Sie können es auch sehen, wenn Sie das Bruttoinlandsprodukt, das erarbeitet wird, betrachten. Ob im Westen oder im Osten: überall werden Produkte oder Dienstleistungen produziert, wenn man arbeitet, Produkte, die andere dann hinterher verbrauchen oder gebrauchen. Das Bruttoinlandsprodukt pro Kopf liegt im Osten Deutschlands ungefähr bei 62 Prozent dessen, was im Westen an Bruttosozialprodukt pro Kopf erarbeitet wird. Das sind nicht einmal zwei Drittel. Und das seit Mitte der neunziger Jahre! Es ist nicht mehr besser geworden.

Oder wenn Sie die Zahlen der Produktivität anschauen: Die liegen bei 70 oder 71 Prozent pro Kopf, pro Arbeitsstunde gerechnet. Oder wenn Sie die Zahlen anschauen des Einkommens pro Kopf. Einkommen, das sind nicht nur Löhne und Gehälter, das sind auch Renten, das sind auch Arbeitslosengelder. Die Einkommen pro Kopf im Osten liegen ungefähr bei 82 Prozent der westdeutschen Einkommen pro Kopf. Und das unverändert seit Jahren. Die Idee war, die Einkommen anzugleichen, aber sie gleichen sich nicht mehr an. Der Abstand ist nun schon seit Jahren der gleiche geblieben. Wenn man diese 82 Prozent vergleicht mit den Einkommen der Menschen in Ungarn, in Tschechien oder in Polen, dann geht es den Bürgern der früheren DDR wunderbar. Denn die Einkommen in den genannten Staaten sind alle viel niedriger als die hier. Was mich bekümmert, ist, daß wir in Deutschland keine Angleichung der ostdeutschen Einkommen an die westdeutschen Einkommen mehr erleben, weil die Produktivität so weit zurückbleibt.

Von den ostdeutschen Einkommen werden nur knapp drei Viertel im Osten erwirtschaftet. Das letzte Viertel kommt durch finanzielle Überweisung aus Westdeutschland. Die Ökonomen nennen das Transfers. Das Ausmaß der Transfers betrug im letzten Jahr 82 Milliarden Euro öffentlicher Gelder, eine von den Steuerzahlern aufgebrachte unglaubliche Summe. Ich rede nicht davon, daß eine westdeutsche Automobilfirma, wenn sie in Sachsen einen neuen Produktionsstandort errichtet, investiert und Geld von West nach Ost transportieren muß. Ich rede nur von den öffentlichen Finanzen. 82 Milliarden, das sind ziemlich genau vier Prozent des westdeutschen Bruttoinlandsprodukts. Das klingt nach wenig. Aber in Wirklichkeit sind vier Prozent des Bruttoinlandsprodukts eine ungeheure Finanzmasse.

Übrigens liegt in diesen finanziellen Transfers der Hauptgrund dafür, daß die Bundesrepublik Deutschland nun schon seit längerem den sogenannten Stabilitätspakt innerhalb der Europäischen Union verletzen muß. Denn ein Teil der 82 Milliarden kommt nicht aus Steuergeldern, sondern wird durch Anleihen finanziert. Der Staat nimmt Kredite auf – zum Beispiel bei den Sparern der westdeutschen Sparkassen –, um diese Transfers leisten zu können. Der Hauptgrund für die Verletzung des Stabilitätspakts liegt in diesem Transfer, weil wir dafür zu viele Anleihen aufnehmen. Wir dürfen drei Prozent des Bruttoinlandsprodukts jährlich aufnehmen, aber wir liegen deutlich über den drei Prozent.

Man kann auch sagen: Das geringe Wachstum, das die Gesamtwirtschaft der Bundesrepublik Deutschland in den letzten Jahren kennzeichnet, hängt damit zusammen, daß wir einen so großen Teil des Sozialprodukts für die Alimentierung oder Subventionierung der früheren DDR verwenden müssen. Oder, noch anders gesagt: In diesen Transfers liegt der Hauptgrund für die Tatsache, daß die Wirtschaft der Bundesrepublik Deutschland heutzutage in bezug auf ihr Wachstum das Schlußlicht der ganzen Europäischen Union geworden ist.

Es ist ganz offensichtlich, daß dies nicht ewig so weiter gehen kann. Was muß geschehen? Darüber streiten sich Politiker und Ökonomen. Nach meiner Überzeugung (und die hat sich seit 1990 nicht geändert) ist es notwendig, allen Betrieben, allen Unternehmen in den sechs östlichen Ländern – es ist übrigens ein Fehler, immer von fünf neuen Ländern zu reden, man muß Berlin als Ganzes ernst nehmen, weil die Stadt heute die Hauptstadt der deutschen Arbeitslosigkeit ist –, also den Betrieben und den Unternehmen der sechs östlichen Länder bei den Rahmenbedingungen einen generellen Vorteil gegenüber den westdeutschen Betrieben und Unternehmen einzuräumen. Vielleicht sogar zwei generelle Vorteile.

Herr Althaus hat vorhin erwähnt, daß ich vor drei Jahren einmal einen Artikel in der ZEIT veröffentlicht habe unter der Überschrift: «Paukenschlag für den Osten». Ich wollte einen Paukenschlag für den Osten, der den sechs ostdeutschen Landtagen durch Bundesgesetz das Recht geben sollte, eine Reihe von in der ganzen Republik geltenden Gesetzen für den Bereich der Länder Brandenburg oder Thüringen, Sachsen oder Mecklenburg-Vorpommern, Berlin oder Sachsen-Anhalt für eine begrenzte Zahl von zehn, fünfzehn Jahren zu vereinfachen oder Paragraphen außer Kraft zu setzen. Zum Beispiel:
- im Tarifvertragsgesetz die Allgemeinverbindlichkeit aufzuheben;
- im Betriebsverfassungsgesetz das Verbot von Betriebsvereinbarungen zwischen Geschäftsleitung und Betriebsrat aufzuheben, das ihnen verbietet, für Lohn- und Arbeitszeit Betriebsvereinbarungen zu schließen;
- im Bundesbesoldungsrecht für Beamte und im Bundesangestelltentarif BAT den Landtagen die Freiheit zu geben, selbst die Gehälter im öffentlichen Dienst zu bestimmen.

Es ist ein Treppenwitz der Weltgeschichte, daß die Gewerkschaft des öffentlichen Dienstes, meine Gewerkschaft, in der ich Mitglied seit über fünfzig Jahren bin, daß die sich einbildet, der öffentliche Dienst solle den Schrittmacher machen in der Lohnerhöhung. Da piept es doch da oben!

Ich habe also vorgeschlagen, den Landtagen das Recht zu geben, ihre Besoldungsordnung und ihre Angestelltentarife selbst zu bestimmen.

Ich habe vorgeschlagen, den Landtagen das Recht zu geben, im Baurecht, im Bauplanungsrecht, in all diesen Genehmigungs-

186

verfahren aufzuräumen, auch im Umweltrecht. Es gelten allein im Umweltrecht dreißig Bundesgesetze.

Oder nehmen Sie die Handwerksordnung. Sagen wir, eine junge Frau, Frisörin, will einen Frisörladen übernehmen. Nach der Handwerksordnung muß sie eine Meisterprüfung haben. Wozu? Wenn sie mir die Haare schlecht schneidet, gehe ich nie wieder hin. Da brauche ich doch ihre Meisterprüfung nicht zu prüfen. Warum ist die vorgeschrieben? Weil es immer so war. Weil es in Westdeutschland immer so war, also muß die Ordnung überall gelten. Und nehmen wir einmal an, sie hat eine Meisterprüfung. Da schreibt ihr aber die Handwerksordnung vor, daß sie Zwangsmitglied der Innung ist. Die Innung ist ein Tarifverband, der handelt Lohntarife aus. Und darüber hinaus ist sie Zwangsmitglied der Handwerkskammer. Wozu?

Wir schleppen alle möglichen Sachen aus dem Mittelalter mit. Das ist alles in den 80 000 Paragraphen enthalten. Und dasselbe gilt für die Hochschulen. Wozu brauchen wir ein Hochschulgesetz, das für ganz Deutschland gilt? Laßt doch endlich Wettbewerb entstehen zwischen Ilmenau und Leipzig oder Ilmenau und Dresden, das ist der bessere Weg. Richtigen Wettbewerb! Warum muß der Bund vorschreiben, wie eine Universitätsverfassung auszusehen hat?

Meine Vorschläge sind tatsächlich von ostdeutschen Wirtschaftsministern aufgenommen worden, die haben darüber beraten, aber es ist nichts dabei rausgekommen. Und deswegen wiederhole ich sie hier noch einmal. Der stete Tropfen höhlt den Stein, man muß immer wieder in derselben Wunde bohren!

Es gibt einen zweiten Vorschlag: Er stammt ursprünglich von zwei Leuten, die schon tot sind. Der eine war Tyll Necker, ein mittelständischer Unternehmer, der mehrere Jahre Präsident des Bundesverbands der Deutschen Industrie gewesen ist. Der andere war Karl Schiller, an den Sie sich vielleicht dem Namen nach erinnern, er war mal Wirtschaftsminister unter Kiesinger und unter Willy Brandt. Beide haben vorgeschlagen, für alle Wertschöpfungen in der ehemaligen DDR die Mehrwertsteuer zu halbieren. Das wäre auch ein großer Vorteil gegenüber den westdeutschen Wertschöpfungen gewesen. Auch das wurde abgelehnt. Und deswegen wiederhole ich es heute zum siebten oder zum zwölften Mal.

Es gibt tausend Gegenargumente gegen alle diese Vorschläge – bis hin zu Brüssel. Wenn man gar nichts anderes weiß, dann sind Brüssel und die EU diejenigen, die das angeblich verhindern. Ich habe aber auch schon erlebt, daß Brüssel Ausnahmen macht. Ich habe auch schon erlebt, daß man sich in Brüssel durchsetzt. Ich habe mich dort auch durchgesetzt, als ich mal Regierungschef war. Heute sind es zumeist westdeutsche Interessenvertreter, die aus Egoismus den Brüsseler Bürokraten die negativen Argumente andienen. Denn meine Vorschläge können natürlich dazu führen, daß möglicherweise Betriebe aus Karlsruhe nach Erfurt abwandern.

Die Vorschläge, von denen ich gesprochen habe, würden nicht dazu führen, daß hier innerhalb von drei oder vier Jahren alles in Ordnung käme; das sind ganz langsame Prozesse. Zum Beispiel gibt es unter den Bürgern der ehemaligen DDR relativ wenig Leute, die sich zutrauen, sich selbständig zu machen und selbst einen Betrieb zu eröffnen. Das muß man erst lernen. In der alten DDR fehlen ungefähr 100 000 Selbständige, verglichen mit der Zahl der Selbständigen in Westdeutschland. Es sind aber gerade die kleinen Betriebe, die Arbeitsplätze schaffen, nicht bloß die große Industrie. In Westdeutschland sind nur zehn Prozent aller Arbeitsplätze in großen Industriebetrieben, das heißt, in Betrieben mit über 2000 Mann Belegschaft. 90 Prozent aller Arbeitsplätze sind in kleinen und mittelständischen Betrieben. Zur Gründung kleiner Betriebe müssen aber junge Leute Mut und

Zutrauen haben. Wenn man ihnen diese vorzugsweisen Rahmenbedingungen schafft, wie ich sie skizziert habe, findet man vielleicht zunehmend junge Leute, die sich das zutrauen.

Wenn man den Aufholprozeß des Ostens wieder in Gang bringen will, dann müssen sich die politischen Parteien, muß sich die politische Klasse insgesamt zusammentun und begreifen und entsprechend handeln, das heißt, den Aufholprozeß der ehemaligen DDR ins Zentrum der deutschen Innenpolitik zu stellen. Man muß deswegen nicht eine große Koalition im Bundestag oder in den sechs ostdeutschen Landtagen bilden, das ist nicht notwendig.

Damit ich nicht mißverstanden werde: Sie sind gegenwärtig in einer wirtschaftlichen Entwicklung, die durchaus langsam fortschreitet. Aber der Abstand zu Westdeutschland verringert sich seit der Mitte der neunziger Jahre nicht mehr, denn die westdeutsche Wirtschaft schreitet auch fort.

Ich will Ihnen zwei Beispiele erzählen, die ich selbst erlebt habe und die zeigen, daß man in einer Notlage oder in einer schwierigen Lage ohne große Koalition gemeinsam etwas zustande bringt. Das eine Beispiel war die Zeit, als wir es zu tun hatten mit den westdeutschen RAF-Terroristen, die übrigens mit heimlicher Unterstützung durch die SED in Ost-Berlin agierten. Wir haben gewußt, daß sie von Ost-Berlin unterstützt wurden, aber wir haben es nicht an die große Glocke gehängt, weil wir daraus keinen außenpolitischen Konflikt machen wollten. Aber die Führer aller drei politischen Parteien in Bonn haben wochenlang jeden Abend zusammengesessen und beraten, was zu tun sei. Und schließlich sind wir dann doch mit der Sache fertig geworden.

Das andere Beispiel handelt vom September 1982, als für mich klar war, daß die damalige sozialliberale Koalition in Bälde zu Ende gehen würde. Ich hatte mich darauf eingestellt und mich mit der notwendigen Gelassenheit gewappnet. Aber ich habe eben an dem Tage, ehe es zu dem konstruktiven Mißtrauensvotum kommen sollte, alle Botschafter der in Deutschland akkreditierten Staaten zu mir gebeten und ihnen erklärt: Sie brauchen keine Angst zu haben. Die nächste Regierung unter Helmut Kohl wird die gleiche Außenpolitik fortsetzen, die wir gemacht haben. Ich hatte Kohl nicht gefragt, war aber ganz sicher, daß er es tun würde. Und er hat es auch getan. Und gleichzeitig habe ich den Staatsminister Wischnewski zur Generalversammlung der UN in New York geschickt. Dort hat er der Generalversammlung der UN erklärt: Sie brauchen sich keine Sorgen zu machen, die deutsche Außenpolitik wird so fortgesetzt wie bisher. Sowohl was die Ostpolitik als auch was die Nato betrifft.

In Notzeiten müssen die Politiker eines Landes zusammenstehen. Und das gilt heute für den Aufholprozeß der ostdeutschen Wirtschaft. In unserer Nachbarschaft haben zwei kleine Länder gezeigt, daß man das auch auf wirtschaftlichem Felde tun kann. Das eine Land ist Holland, und das andere ist Dänemark. Mit fabelhaftem Erfolg in beiden Fällen. Man hat wirklich einen großen Teil der gleichen Schwierigkeiten, unter denen wir in der Bundesrepublik heute leiden, in Holland und in Dänemark gemeistert. Und die Gewerkschaften und die Arbeitgeber und die industriellen Verbände haben mitgemacht, weil die Politiker sich einig waren. Das ist etwas, was ich mir wünschen möchte für Deutschland; und insbesondere wünschen möchte für die Bürger der sechs ostdeutschen Bundesländer.

Seit der Vereinigung sind 15 Jahre vergangen. Und bis der Solidarpakt II im Jahr 2019 ausläuft, dauert es noch einmal 15 Jahre. Und in diesen 15 Jahren müssen wir das geschafft haben!

Aber es liegt auch bei Ihnen. Insbesondere liegt es bei Ihren Kindern, bei den jungen Leuten. Die müssen sich was zutrauen. In Wirklichkeit haben die jungen Leute, die hier in Ostdeutschland leben, dieselben Gene, die ihre Eltern, Großeltern und Urgroßeltern hatten. Und die Gene sind auch nicht schlechter als die Gene der Menschen in Hamburg oder in Schleswig-Holstein oder in Rheinland-Pfalz. Und die Intelligenzquotienten sind auch nicht niedriger. Sie haben alle Gene vererbt bekommen von ihren Eltern, Großeltern und Urgroßeltern. Sie müssen sich nur etwas zutrauen! Ich wende mich mit diesem Appell nicht an die Leute meines Alters. Denen kann man nicht mehr viel zutrauen. Ich wende mich auch nicht an die 65jährigen, aber ich wende mich an die 35jährigen. Traut euch was zu!

Herzlichen Dank für die Aufmerksamkeit!

Was der Osten wirklich braucht

August 2004

Nie werde ich meine Freudentränen über die friedliche Öffnung der Berliner Mauer vergessen. Sie war gefallen dank der Gesinnung der Demonstranten, dank der Vorarbeit der polnischen Solidarność, dank der friedlichen Vernunft Gorbatschows und auch der kommunistischen Führungen in Budapest, in Prag und in Ost-Berlin. Heute, anderthalb Jahrzehnte später, bin ich traurig über die unbefriedigenden wirtschaftlichen Zustände in Ostdeutschland – und besonders darüber, daß so viele Menschen dort sich dazu verleiten lassen, ihr heute selbstverständlich risikofreies Demonstrationsrecht zu benutzen, um gegen ein notwendiges Gesetz zu protestieren.

Allerdings kann ich ihre Ängste gut verstehen, auch den Zorn, der sich seit langen Jahren aufgestaut hat. Von den leichtfertigen Versprechungen des Jahres 1990 sind nicht allzu viele wahr geworden, nicht die wirtschaftlich «blühenden Landschaften», auch nicht die Westlöhne. Die tiefgreifende Enttäuschung war unvermeidlich; sie hat sich in den vergangenen acht Jahren immer mehr Luft gemacht. Viele im Osten fühlen sich vom Westen getäuscht, bevormundet und herabgesetzt. Wenn jetzt die unvernünftige Ängstigung hinzukommt, so ist der Zorn vieler zwar sachlich nicht gerechtfertigt, wohl aber menschlich verständlich.

Man war seit Generationen gewöhnt, daß Regierung und Staatspartei für alles sorgen. Wenn jetzt der Staat seine Leistungen einschränken muß und dabei versäumt, verständlich zu erklären und zu begründen, was geschehen muß, welche Wirkungen eintreten, aber ebenso, welche Ängste unbegründet sind, dann sollte die Regierung über die propagandistischen Erfolge von ehrlich Empörten, von opportunistischen Demagogen und von ökonomischen Wunderheilern nicht erstaunt sein. Jürgen Peters, Frank Bsirske, Lothar Bisky und Oskar Lafontaine gehören allen drei Kategorien zugleich an. Dagegen fehlt es an verständlich dargebotener Aufklärung! Deshalb ist heute für die Abgeordneten des Bundestages und der sechs Landtage im Osten (einschließlich Berlins) nichts wichtiger, als in jeder Stadt Hartz-Sprechstunden, öffentliche Frage-und-Antwort-Veranstaltungen, Aussprachen mit den Landräten und Bürgermeistern zu veranstalten. Dazu sind dann allerdings Stehvermögen und Tapferkeit unerläßlich.

Ebenso wichtig ist die Ehrlichkeit, Fehler und Versäumnisse einzugestehen. Nicht «der Kapitalismus» hat die ostdeutsche Industrie brotlos gemacht, sondern der Kardinalfehler, 1990 die bislang staatlich festgesetzten Preise und Löhne von einer Mark Ost auf eine D-Mark West umzustellen.

Die Privatisierung der alten Staatsunternehmen der DDR war prinzipiell richtig; falsch waren die Methode und das Tempo. Es war einem Bürger der DDR finanziell unmöglich, einen der «volkseigenen» Betriebe zu übernehmen, deshalb gerieten fast alle in die Hände kapitalkräftiger westdeutscher Firmen und Unternehmer – und damit weitgehend in die Hände westdeutscher Manager. Auch diese letztere Entwicklung ist nicht rückgängig zu machen, wohl aber kann sie im Laufe von ein bis zwei Jahrzehnten überwunden werden, soweit die westdeutschen Eigentümer jüngere Menschen im Osten zu Managern ausbilden und heranziehen. Daß die Privatisierung durch die Treuhand die Staatsschuld um rund 400 Milliarden vermehrt hat, ist freilich nicht mehr zu ändern.

Ein anderer Fehler der Wendezeit, der wesentlich zur heutigen wirtschaftlichen Misere beigetragen hat, war die Übertragung von über 80 000 Paragraphen westdeutscher Gesetze und Rechts-

194

verordnungen (dazu kamen noch unzählbare weitere Tausende von anderen Vorschriften), die den Bürgern der DDR ohne Übergangsfristen, ohne Anpassung an die dortigen Umstände einfach übergestülpt worden sind. Obschon die DDR-Bürger daran gewöhnt waren, die Anordnungen ihrer Obrigkeit – mehr oder minder – zu befolgen, wurden sie über Nacht unsinnigerweise mit einem gewaltigen Wust neuer, für sie undurchschaubarer Gesetze konfrontiert. Deswegen mußte man sich Kohorten von Beamten und auch Politikern aus dem Westen holen und sie zu Behördenleitern, Bürgermeistern und Landesministern machen.

Viel schlimmer aber war die Erstickung der persönlichen Initiative der Bürger. Wer als Ostdeutscher im Osten eine eigene Firma aufmachen wollte, der brauchte und braucht auch heute noch viel mehr Mut und mehr intelligente Wendigkeit als ein Westdeutscher, der in der geltenden Rechts- und Bürokratielandschaft aufgewachsen ist und damit umzugehen weiß. Deshalb fehlt es im Osten an selbständigen Gewerbetreibenden und an mittelständischen Unternehmen. Es ist aber der Mittelstand und nicht die Großindustrie, von dem die Mehrzahl der neuen Arbeitsplätze erwartet werden muß. Deshalb ist es nötig, den Osten für mindestens 15, besser für 25 Jahre von einer großen Zahl einengender Vorschriften zu befreien. Und das ist auch möglich!

Prinzipiell gut und zweckmäßig war, daß die alte Bundesrepublik in großem Maßstab zunächst den Aufholprozeß der ehemaligen DDR finanziert hat und heute den dortigen Lebensstandard weiterhin finanziert. Gegenwärtig liegt der Saldo aller Übertragungen öffentlicher Finanzmittel jährlich zwischen 80 und 90 Milliarden Euro (Saldo bedeutet: die in Ostdeutschland erhobenen Steuern und Sozialabgaben sind abgezogen). Dies ist eine große Leistung der westdeutschen Steuer- und Beitragszahler. Sie wird bisher in Ostdeutschland kaum anerkannt und gewürdigt, leider auch kaum von den ostdeutschen Rentnern.

Die Kaufkraft der heutigen Renten in Ostdeutschland liegt wesentlich höher als jemals in der alten DDR; sie liegt weit über der Kaufkraft aller Renten in allen anderen ehemals kommunistisch regierten Staaten. Auch dieses Beispiel muß auf den Bürgerversammlungen im Osten deutlich erklärt und erläutert werden: Der US-amerikanische Militärhaushalt macht jährlich etwa vier Prozent des amerikanischen Sozialprodukts aus – aber diese vier Prozent haben den Status einer militärischen Supermacht ermöglicht. Die alljährlichen westdeutschen Finanzübertragungen nach Ostdeutschland machen ebenfalls vier Prozent des deutschen Sozialproduktes aus! Dieser Vergleich verdeutlicht das Ausmaß der Transferleistungen. Der Osten muß anerkennen: eine ungeheure Leistung!

Die Agenda 2010 inklusive Hartz IV zielt auf den gesamten deutschen Arbeitsmarkt, nicht etwa speziell auf den Osten. Sie ist nur ein kleiner Ausschnitt aus der großen Liste der dringend notwendigen Erneuerungen, die Roman Herzog im April 1997, noch zu Zeiten der Kohl-Regierung, in seiner Adlon-Rede vorgelegt hat. Herzog hat den «Verlust wirtschaftlicher Dynamik, die Erstarrung der Gesellschaft, eine unglaubliche mentale Depression» festgestellt; er appellierte an alle, den Modernisierungsstau in Deutschland zu überwinden. Aber weder Kanzler Kohl und seine schwarz-gelbe Koalition noch Kanzler Schröder und seine rot-grüne Koalition haben bis zum Frühjahr 2003 auch nur einen einzigen wesentlichen Teil von Herzogs Vorschlägen aufgegriffen. Erstmalig hat Kanzler Schröder am 14. März 2003 einen positiven Anfang gemacht. Der Kanzler hat verstanden: Das Wohlergehen des Vaterlandes muß höher stehen als das der eigenen Partei. Hut ab vor seiner Standfestigkeit!

Kein Politiker, egal welcher Partei, hat bisher ernsthaft versucht, den Aufholprozeß der ostdeutschen Wirtschaft zu beschleunigen. Schon seit Kohls Zeiten ist keineswegs damit zu rechnen, daß ein allgemeiner wirtschaftlicher Aufschwung in Deutschland auch zum Aufholen der ostdeutschen Wirtschaft oder gar zum Einholen des großen westdeutschen Vorsprungs führen würde. Wenn nichts speziell zugunsten des Ostens geschehen sollte, so wird man im Jahre 2020 feststellen, weitere 15 Jahre nach der Vereinigung, daß es zwar auch im Osten vorangegangen ist, daß aber von Aufholen keine Rede sein kann.

Deshalb brauchen wir für die Wirtschaft im Osten eine besondere wirtschaftspolitische Anstrengung. Dafür liegen mindestens drei wichtige Vorschläge auf dem Tisch (aufgelistet am Ende des Bandes; vgl. unten, Seite 219).

Alle diese Vorschläge werden vielerlei Argwohn, Kritik und Ablehnung provozieren. Viele wollen auf der Welle der Anti-Hartz-Propaganda mitschwimmen. Zwar werden die Landtagswahlkämpfe im September einige Prämien für populistischen Opportunismus bereithalten, zumal zugunsten der PDS. Sie werden aber offenbaren, wer über Vernunft und Charakter verfügt, über Stehvermögen und Tapferkeit.

Die politische Klasse unseres Vaterlandes beginnt das Vertrauen zu verspielen, das die Bürger früher in sie gesetzt haben. Aber immer noch ist sich die große Mehrzahl der Politiker in den beiden großen Volksparteien ihrer Verantwortung bewußt – im Gegensatz zu manchen der gefälligen politischen Selbstdarsteller in den Fernseh-Talkshows oder in der «Bild»-Zeitung. Die Verantwortungsbewußten stehen zu den Gesetzen, die sie im Bundestag und im Bundesrat beschlossen haben.

Die Agenda 2010 war eigentlich schon 1996 fällig. Eigentlich hätten wir heute schon längst eine Reihe weiterer Erneuerungen in Arbeit haben müssen. Eigentlich müßten wir schon längst die enorm schwierige Frage klären, wie wir uns denn darauf vorbereiten wollen, daß binnen sehr weniger Jahrzehnte über die Hälfte aller lebenden Deutschen älter sein wird als 60 Jahre. Wenn wir uns nicht reformieren, dann ist bereits lange vorher weder das heutige frühe Rentenalter aufrechtzuerhalten noch die Höhe der ausgezahlten Renten. Wir stehen also vor enormen Problemen. Nur weniges kann so bleiben, wie es heute ist. Deshalb sind die Demonstrationen gegen den ersten richtigen Schritt bestenfalls kurzsichtig und jedenfalls abwegig. In Notzeiten müssen die Verantwortlichen zusammenwirken, so wie während der Flut in Sachsen und Brandenburg und wie zur Zeit des RAF-Terrorismus. Frau Merkel hat gesagt, die CDU/CSU sei zu einer nationalen Anstrengung bereit. Kanzler Schröder sollte auf sie zugehen und sie beim Wort nehmen. Eine große Koalition ist deswegen nicht nötig.

Statt eines Nachworts
Es ist noch nicht zu spät

Am 9. November 1989 saß ich zu Hause in Hamburg vor dem Fernseher und habe den Fall der Berliner Mauer verfolgt. Ich war tief bewegt; denn es war kein Schuß gefallen, alles ging friedlich vonstatten. Welch ein Glücksfall! Ich war gerade eben aus Sachsen zurückgekehrt, wo ich an zwei Diskussionen mit Vertretern der evangelischen Kirche in Meißen und in einem kleinen Ort in der Nähe von Chemnitz teilgenommen hatte, das damals Karl-Marx-Stadt hieß. Ich hatte die Angst der Menschen gespürt, daß die Situation sich zuspitzen und irgendein Kommandeur die Nerven verlieren und den Befehl zum Einsatz von Schußwaffen geben könnte. Über allem hatte eine Mischung von ungeheurer Anspannung und Unsicherheit mit unbestimmten neuen Hoffnungen gelegen.

Jeden Montag Hunderttausende in Leipzig, Zigtausende überall in den Städten der DDR, schließlich eine Million Menschen auf dem Alexanderplatz in Ost-Berlin: Ein ungeheurer Massenprotest gegen eine verhaßte Parteiherrschaft, gegen Gängelung und Kommandowirtschaft, gegen Drohung und Zwang, gegen Verordnung und Lüge, gegen persönliche Unterdrückung und Einsperrung des gesamten Staatsvolkes hat am Abend des 9. November die Öffnung der Grenzübergänge in Berlin erzwungen.

Es waren vornehmlich vier Faktoren, die zu den spontanen Demonstrationen, zu Honeckers Ablösung und zu Krenz' undeutlichen Versprechungen geführt hatten. Zum einen Gorbatschows hartnäckiges Eintreten für Glasnost und Perestrojka; zum anderen das Beispiel des weitreichenden Systemwandels in Polen und Ungarn; zum dritten der Volkszorn über die offensichtlichen Fälschungen bei den Kommunalwahlen; viertens die *causa efficiens* der gewaltig anschwellenden Fluchtbewegung.

Als am 9. November 1989 die Mauer fiel, war mir am gleichen Abend klar: Dies bedeutete den Zusammenbruch der kommunistischen DDR. Ich war zutiefst ergriffen. Seit Jahrzehnten hatte ich nicht mehr gehofft, diesen Tag noch selbst zu erleben. Allerdings hatte ich nie daran gezweifelt: Der Tag wird kommen, an dem wir Deutschen wieder vereint unter einem gemeinsamen Dach leben. Denn mein historisches Wissen hatte mich erkennen lassen, daß sich in jedem Jahrhundert die europäischen Machtverhältnisse mehrfach tiefgreifend verändern. Und so würde es eines Tages abermals geschehen. Ich hoffte auf einen Tag im 21. Jahrhundert.

Nach meinem Ausscheiden aus dem Amt des Bundeskanzlers war ich seit 1982 ziemlich regelmäßig in der DDR zu Besuch gewesen. Durch Vermittlung von Manfred Stolpe, dem damaligen Sekretär des Kirchenbundes, konnte ich in kirchlichem Rahmen fast jedes Jahr einen Vortrag halten und auch an Diskussionsrunden teilnehmen. Dabei boten sich auch Gelegenheiten, einige der Orte wiederzusehen, die ich vor 1945 kennengelernt hatte, sei es als Schüler auf Fahrradtouren von Hamburg nach Tangermünde, nach Rostock, Stralsund und Berlin oder später als Soldat bis nach Pommern und Schlesien. Nach dem Kriege, als Mitglied des Deutschen Bundestages seit 1953 und später als Minister, war es mir nur ein einziges Mal möglich gewesen, die DDR zu besuchen (abgesehen von Transitfahrten nach Berlin entlang der ehemaligen Reichsstraße 5). Als Bundeskanzler bin ich sodann ganz offiziell am 11. Dezember 1981 in den anderen deutschen Staat gereist.

In meinem 1990 erschienenen Buch *Die Deutschen und ihre Nachbarn* habe ich über jenen Besuch bei Honecker am Werbellinsee und über die anschließende Reise nach Güstrow unter der Überschrift «Beschwerliche Wanderung in die Mark Brandenburg» berichtet. Wegen der Zuspitzung der Situation in Polen hatte der Besuch zweimal verschoben werden müssen. Kennengelernt hatte ich Honecker schon 1975 auf der KSZE-Schlußkonferenz in Helsinki, fünf Jahre später hatten wir uns beim Begräbnis Titos noch einmal gesehen; ansonsten haben wir bisweilen über Telefon miteinander gesprochen. Auch wenn mir Honecker als ein Mann von beschränkter Urteilskraft erschien, bemühte ich mich im Interesse unserer Landsleute auf beiden Seiten doch um ein gutes persönliches Verhältnis zu ihm. Innerlich hielt ich ihm seine langen Zuchthausjahre unter den Nazis und die Standhaftigkeit zugute, mit der er an den kommunistischen Idealen seiner Jugend festgehalten hatte. Trotzdem ist er für mich immer ein Gegner geblieben.

Honecker glaubte ernsthaft, die DDR sei ökonomisch auf «Weltklasseniveau» und gehöre zu den führenden Industrienationen der Welt. Den geringen Wechselkurs zwischen der Mark des Ostens und der D-Mark des Westens konnte er genausowenig verstehen wie die unablässige Devisennotlage seines Landes. Immer wieder kam sein Wunsch nach weiteren Krediten zur Sprache, wobei es Honecker ganz offensichtlich Unbehagen bereitete, daß er sich West-Devisen gegen die Ausreise von DDR-Bürgern erkaufen mußte, die zu Unrecht in seinen Gefängnissen einsaßen. Dank der umsichtigen und diskreten Vermittlung von Wolfgang Vogel und seinem West-Berliner Kollegen Jürgen Stange hat die Praxis des Freikaufs über viele Jahre reibungslos funktioniert.

Am Morgen nach den ersten Gesprächen mit Honecker traf am Werbellinsee die erschreckende Nachricht von der Verhängung des Kriegsrechts in Polen ein. Honecker und ich sprachen beim Frühstück darüber, er schien mir nicht weniger betroffen als ich. Hier kündigten sich Veränderungen an, die unmittelbare

Auswirkungen auf die beiden deutschen Staaten und ihr Verhältnis zueinander haben würden. Als ich am Nachmittag nach Güstrow fuhr, um die Wirkungsstätte des von mir seit meiner Jugend verehrten Bildhauers Ernst Barlach zu besuchen und den «Schwebenden» an dem ihm vom Künstler bestimmten Platz im Güstrower Dom zu sehen, schienen die Ereignisse in Polen bereits ihre Schatten auf die DDR vorauszuwerfen. Die SED fürchtete, die Ereignisse auf den Werften von Danzig und Gdingen könnten auf Rostock und andere Städte überschwappen. Aus Angst vor einem allzu engen Kontakt der Bevölkerung mit dem Gast aus Westdeutschland hatte sie die Güstrower Straßen vorsichtshalber abriegeln lassen. Sympathiebekundungen, wie sie Willy Brandt Jahre zuvor bei seinem Besuch in Erfurt erlebt hatte, wollte das Regime um jeden Preis verhindern.

In der Präambel des Grundgesetzes waren seit 1949 alle Deutschen dazu aufgefordert, die Einheit der Nation in Frieden und Freiheit zu vollenden. Für mich war dieses Gebot von Anfang an selbstverständlich, es erschien mir als eine der wichtigsten Aufgaben der Bonner Politik. Während meiner Zeit als Abgeordneter, Minister oder Kanzler konnten wir Westdeutschen für die Zusammenführung der beiden deutschen Staaten zwar nur mittelbar und indirekt wirken. Aber wir haben doch dafür sorgen können, daß die Gesprächsbereitschaft auf beiden Seiten aufrechterhalten wurde; dabei haben wir notabene weniger auf die Spitzenleute der DDR als vielmehr auf die Leute an der Spitze der Sowjetunion gesetzt. Wie der 9. November 1989 dann eindrucksvoll unterstrichen hat, ist es den Deutschen in West und Ost tatsächlich geglückt, die Einheit und die gemeinsame Identität über vierzig Jahre im Bewußtsein zu halten.

Tatsächlich hatten wir in Bonn über viele Jahrzehnte zwar leise und unauffällig, aber dafür intensiv über die eines fernen Tages mögliche Vereinigung beider deutscher Staaten nachgedacht. An zwei wichtige Beispiele will ich hier erinnern. Zum einen gründete Jakob Kaiser 1952 – er war damals Minister für gesamtdeutsche Fragen – eine Forschungsstelle, die dem Forschungsbeirat für Fragen der Wiedervereinigung zuarbeitete; sie hat ihre Arbeit bis in die neunziger Jahre fortgesetzt. Leider hat die Bundesregierung 1989/90 die sehr sachkundigen und detaillierten Arbeitsergebnisse dieser Forschung achtlos beiseite getan.

Zum anderen will ich hier an ein Gutachten erinnern, das eine Gruppe von Wissenschaftlern und Abgeordneten unter meinem Vorsitz 1959 vorgelegt hat (und das in den Beiträgen des vorliegenden Bandes mehrfach zur Sprache kam). Das Thema lautete: «Mögliche Stufen eines wirtschaftlichen und sozialen Wiedervereinigungsprozesses». In dieser Arbeit waren die wichtigsten wirtschaftspolitischen Konzessionen formuliert, die beide deutsche Staaten an ein neu entstehendes wiedervereinigtes Deutschland zu gewähren hatten. Das Modell mußte aber nicht nur den beiden direkt Betroffenen, sondern auch ihren jeweiligen Partnern einleuchten, es mußte vor allem den vier Siegermächten in Ost und West akzeptabel erscheinen.

Ich ging davon aus, daß aus politischen Gründen die Eigentumsstrukturen in beiden Teilen Deutschlands zunächst unverändert bleiben würden; eine etwaige Neuverteilung des Eigentums in der DDR, so schrieb ich, würde den Prozeß weder beschleunigen noch prinzipiell erleichtern. Die entscheidenden Probleme lagen für mich ganz woanders. Sie lagen vor allem in der weitgehenden Verschiedenheit der volkswirtschaftlichen Grundfunktionen: Güter- und Arbeitsmärkte im Westen, dagegen im Osten staatliche Reglementierung und Zwangswirtschaft; hinzu kam die prinzipielle Verschiedenheit der Kredit- und Währungssysteme. Das größte Dilemma bestand im Niveauunterschied der beiden deutschen Staaten: Die gesamtwirtschaftliche Produktivität in der DDR lag 1958 um mehr als ein Fünftel, der reale Lebensstandard um ein Drittel niedriger als in der Bundesrepublik. Als drei Jahrzehnte später die Vereinigung tatsächlich möglich wurde, hatte sich der Abstand gewaltig vergrößert: 1989/90 war die gesamtwirtschaftliche Produktivität der DDR so stark zurückgeblieben, daß sie um zwei Drittel hinter der BRD herhinkte.

Auch in der Außenwirtschaft war in der Zwischenzeit eine tiefgreifende Veränderung eingetreten. Während ich 1959 noch der Meinung war, der Umfang des Osthandels der DDR würde im großen und ganzen einem «normalen» Osthandelsanteil der gesamtdeutschen Volkswirtschaft entsprechen, hat man 1990 durch eine abrupte Währungsumstellung den Verrechnungsrubel – der bis dahin den Außenhandel der DDR weitestgehend beherrscht hatte – für die DDR praktisch wertlos gemacht; dadurch wurde fast der gesamte Außenhandel der DDR mit einem Schlag beendet.

Unsere Studie hatte drei Stufen des wirtschaftlichen Vereinigungsprozesses vorgesehen. Gleichwohl rechnete ich schon damals mit massiver Freisetzung von Arbeitskräften. Das Risiko einer andauernden Abwanderungsbewegung von Arbeitskräften aus der DDR in die Bundesrepublik hielten wir für überschaubar, weil die Menschen in der DDR sich würden ausrechnen können, daß ihr Lebensstandard sich mit jeder weiteren Stufe der Wiedervereinigung deutlich verbessern werde.

Auf der ersten Stufe des Prozesses der wirtschaftlichen und sozialen Wiedervereinigung war ein paritätisch besetzter gesamtdeutscher Investitionsfonds vorgesehen, der vor allem die Aufgabe verfolgen sollte, Investitionen in die Verkehrsnetze (vor allem in Ost-West-Richtung) sowie in die Energieversorgung zu planen und zu finanzieren. Den notwendigen Beitrag Westdeutschlands zu diesem Fonds veranschlagten wir mit etwa dem Dreifachen des Beitrags der DDR. Neben dem Investitionsfonds war die Errichtung einer ebenfalls paritätisch besetzten Bank für innerdeutschen Zahlungsausgleich vorgesehen.

Auf der zweiten Stufe sollte die Schaffung eines gesamtdeutschen Marktes erreicht werden; diese Liberalisierung des innerdeutschen Handels hätte für die Unternehmen der DDR bedeutet, daß sie ihre Lieferanten und Abnehmer nach ihren jeweils eigenen Möglichkeiten im gesamtdeutschen Markt hätten suchen können; die Beschränkungen der Außenhandelsmonopole und ähnliche Beschränkungen wären damit weggefallen. Auf dieser Stufe wäre die Einführung eines offiziellen Wechselkurses zwischen der Mark des Ostens und der D-Mark des Westens notwendig gewesen. Parallel dazu hätte man die Einrichtung eines gesamtdeutschen Wirtschaftstages ins Auge fassen können, der mit entsprechenden Empfehlungen an beide Seiten koordinierend tätig geworden wäre.

Erst auf der dritten Stufe sollte es Unternehmen ermöglicht werden, im jeweils anderen Teil Deutschlands zu investieren und sich auch dort niederzulassen. Das bedeutete Freiheit des Kapitalverkehrs innerhalb Deutschlands und uneingeschränkte Teilnahme aller Unternehmen am Wettbewerb im gesamtdeutschen Markt. Dazu hieß es: «Die Niederlassungsfreiheit darf noch nicht auf den früheren Stufen gewährt werden, weil sonst wegen zunächst geringerer Kapitalausstattung, geringerer unternehmerischer Erfahrungen und geringerer Produktivität die Unternehmen der DDR im Wettbewerb innerhalb ihres eigenen Raumes weitgehend von westdeutschen Unternehmen an die Wand gespielt werden könnten.» Diese wichtige Warnung haben später die 1989/90 Verantwortlichen nicht verstanden – oder nicht verstehen wollen.

Niemand konnte 1959 den Zusammenbruch der Sowjetunion voraussehen, ebensowenig den Zusammenbruch des Wirtschaftsverbundes der kommunistischen Staaten im Osten Europas (RGW, Rat für gegenseitige wirtschaftliche Hilfe, auch Comecon genannt). Aber wir wußten, daß die Nachbarn sich sorgten vor einer großen deutschen Volkswirtschaft, die allein durch die Erweiterung auf rund 70 Millionen Einwohner in unerhörter Weise gestärkt würde; deshalb mußte damit gerechnet werden, daß die Siegermächte in Ost und West der Vereinigung nur unter bestimmten Auflagen zustimmen würden. Wir erwarteten daher eine Reihe von Auflagen durch die Siegermächte, die den erwarteten Wettbewerbsvorsprung der gesamtdeutschen Volkswirtschaft hätten ausgleichen sollen.

Unsere Ausarbeitung machte keinen Hehl daraus, daß die Wiedervereinigung zunächst eine große Entlassungswelle in der DDR bewirken und die Gefahr eines ruinösen Wettbewerbs zu Lasten der ostdeutschen Industrie auslösen würde. Mit Hilfe großer Infrastruktur- und Bauprogramme, die zum Teil die Arbeitslosigkeit wieder aufsaugen würden, müßten daher die Voraussetzungen für die Ansiedlung moderner, im gemeinsamen europäischen Markt wie im Weltmarkt konkurrenzfähiger Industrien und gewerblicher Arbeitsplätze geschaffen werden, hieß es. Schon 1959 war uns klar: All das würde von den Westdeutschen zu finanzieren sein. Dreißig Jahre später war diese Notwendigkeit noch viel größer geworden, sie war auch viel deutlicher zu erkennen; leider hat man 1989/90 in Bonn nichts davon wissen wollen. Man lehnte alle Mahnungen und Vorschläge ab, die für Westdeutschland auf Steuererhöhung und einmalige Vermögensabgabe abzielten, weil man sich Illusionen hingab.

Keiner der Vorschläge, die in den Deutschland-Plan der SPD von 1959 Eingang gefunden hatten, wurde drei Jahrzehnte später realisiert; vermutlich wußten die Zuständigen in Bonn und in Ost-Berlin 1989/90 nicht einmal, daß es solche Überlegungen überhaupt gegeben hatte. Genauso wenig schienen sie sich für die Erkenntnisse zu interessieren, die seit den frühen fünfziger Jahren im zuständigen Bundesministerium für gesamtdeutsche Fragen – inzwischen umbenannt in «Ministerium für innerdeutsche Beziehungen» – für den Tag X zusammengetragen worden waren. Die Berechnungen, die hier angestellt und sowohl durch statistisches Material als auch durch empirische Studien regelmäßig aktualisiert worden waren, hätten die Politiker in den entscheidenden Monaten des Jahres 1990 vor mancher fahrlässigen Fehleinschätzung bewahren können. Daß auch die inzwischen aus freien Wahlen hervorgegangene Ost-Berliner Regierung de Maizière keinen ökonomischen Durchblick hatte, ist ihr kaum vorzuwerfen.

Mit dem Beitritt der Deutschen Demokratischen Republik zur Bundesrepublik Deutschland gemäß dem Artikel 23 des Grundgesetzes wurde am 3. Oktober 1990 die deutsche Einheit vollzogen. Ich erlebte den Tag an Bord der MS «Europa» auf einer Mittelmeerreise. In einer kleinen Ansprache zur Feier der Vereinigung stellte ich die Fragen der wirtschaftlichen und sozialen Entwicklung, aber auch das künftige Miteinander der Menschen in Ost und West in den Vordergrund. Im Blick auf den ökonomischen Aufschwung in den östlichen Bundesländern war ich damals noch relativ zuversichtlich und meinte, man werde wohl bis Ende der neunziger Jahre das westliche Produktivitätsniveau erreichen. Andererseits sah ich wegen der bereits endgültig getroffenen ökonomischen Entscheidungen deutlich voraus – und habe dies sodann bei mehreren Auftritten in den neuen Bundesländern auch öffentlich vorgetragen –, daß der Prozeß der wirtschaftlichen Angleichung, der im Kern eine Verdreifachung der Produktivität in der ehemaligen DDR verlangte, zu einem enormen Anstieg der Arbeitslosigkeit führen werde.

Seit dem Sommer 1990 war klar, daß die ostdeutschen Unternehmen und Betriebe binnen kurzem einen überwältigend großen Teil ihrer Abnehmer verlieren würden – nicht nur die Kunden in der damals noch bestehenden Sowjetunion und in den ehemaligen Comecon-Staaten, sondern vor allem auch in der DDR selbst. Die Industrien Polens, Ungarns oder der Tschechoslowakei waren damals in einer weit besseren Ausgangssituation als die Industrien der DDR; denn die ostdeutsche Wirtschaft wurde quasi über Nacht der direkten preislichen und qualitativen Konkurrenz durch Westprodukte aus dem ganzen gemeinsamen Markt der damals zwölf westeuropäischen Staaten ausgesetzt.

In den nächsten Jahren habe ich im Aufsichtsrat der Körber-Aktiengesellschaft die Konsequenzen miterlebt. Mein Freund Kurt Körber hatte aus patriotischer Solidarität drei Maschinenbaufabriken auf dem Boden der ehemaligen DDR gekauft, um sie wieder voll ins Geschäft zu bringen. Das ist aber nur unter großem Zeitverlust und nur unvollkommen gelungen. Zunächst waren die dort hergestellten Maschinen unverkäuflich, deshalb brauchte man neue Entwicklungen; man mußte lernen, die Kosten und Preise zu kalkulieren, um neue Maschinen auf dem Weltmarkt anzubieten. Der schließliche Erfolg hat ungeheure Opfer verlangt, nämlich einerseits eine Reduktion der Belegschaften auf etwa ein Zehntel und andererseits finanzielle Zuschüsse der Muttergesellschaft in einer Höhe, welche sie in finanzwirtschaftliche Schwierigkeiten brachte.

Insgesamt war es für die Menschen in der DDR natürlich ein großes Glück, daß auf jeden von ihnen vier Landsleute im Westen kamen, die zur Hilfe bereit waren. Keines der anderen Völker im Osten Europas, die sich von der Diktatur befreit hatten, hat eine derart massive finanzielle Hilfe durch eine der wohlhabendsten Gesellschaften der Welt erhalten. Um so weniger konnte ich die später in den neuen Bundesländern sich ausbreitende Wehleidigkeit nachvollziehen. Mancher Ostdeutsche, der sich über die angebliche Kolonialisierung der DDR durch den Westen beklagt, hat die großen finanziellen Opfer nicht wirklich zur Kenntnis genommen, welche die Westdeutschen bis auf den heutigen Tag erbringen.

Was mir in den folgenden Jahren ebenso große Sorgen bereitete wie die ökonomischen Probleme waren die zunehmenden Schwierigkeiten des menschlichen Zusammenwachsens. Die seelische Integration der Nation und die Einfügung der Ostdeutschen in die freiheitliche und demokratische Grundordnung hat sich als ein zäher, nur langsam voranschreitender Prozeß erwiesen. Man darf dabei allerdings nicht vergessen, daß im Osten schon seit 1933, also über ein halbes Jahrhundert, ununterbrochen Unfreiheit geherrscht hatte. Es ist ja selbst für einen im Westen geborenen und dort aufgewachsenen jungen Menschen nicht leicht, sich in einer Gesellschaft zurechtzufinden, in der Freiheit zwangsläufig immer auch Ellbogenfreiheit bedeutet. Die Menschen in den ostdeutschen Ländern fühlen sich häufig von denen aus der alten Bundesrepublik bevormundet. Es scheint vielen, als solle gar nichts von dem mehr gelten, was ihnen vierzig Jahre lang lieb und teuer und normal gewesen ist, und als sollten sie sogar die Aufarbeitung ihrer eigenen Geschichte plötzlich den Westdeutschen überlassen.

Die von ehemaligen DDR-Bürgern geleitete, akribisch-bürokratische sogenannte Gauck-Behörde ist nur die Ausnahme, welche die Regel bestätigt. Verbrecher gehören vor Gericht. Wer aber lediglich unter Druck der kommunistischen SED oder der «Staatssicherheit» Auskünfte gegeben hat, ohne an einem Verbrechen beteiligt gewesen zu sein, den sollte man nicht kategorisieren und an den Pranger stellen. Adenauer ist zu seiner Zeit mit ehemaligen Nazi-Funktionären viel großzügiger und auch menschlicher umgegangen. In allen anderen ehemals kommunistisch-diktatorisch regierten Staaten Europas sind geläuterte Kommunisten selbstverständlich regierende Minister geworden – ganz anders in der ehemaligen DDR, wo die moralische Überheblichkeit gegenüber früheren Kommunisten die seelische Vereinigung der Deutschen erschwert.

Nach einer ersten kurzen Phase des ungehemmten und bisweilen auch reichlich blauäugigen Enthusiasmus über die deutsche Vereinigung schien bald das Gegenteil in Mode zu kommen: Alles im Osten wurde grau in grau gemalt. Manche im Westen ließen dabei sogar den Eindruck zu, als hielten sie die friedlich herbeigeführte Einheit für einen historischen Fehler, den sie nur widerwillig in Kauf nahmen. Am Ende machten viele Westdeutsche die finanziellen Transferleistungen und andere Belastungen aufgrund der Vereinigung auch für jene wirtschaftlichen, finanz-, beschäftigungs- und sozialpolitischen Kalamitäten des vereinigten Deutschland verantwortlich, die eindeutig auf wirtschafts- und finanzpolitischen Fehlentscheidungen im Vereinigungsprozeß beziehungsweise auf weltwirtschaftlichen Ursachen beruhten.

Im Herbst 1991, am ersten Jahrestag der deutschen Einheit, war die Zwischenbilanz bereits stark eingetrübt. Im Westen gebe es eine «zunehmende Angst vor dem Verlust des eigenen ... materiellen, sozialen, zivilisatorischen und kulturellen Standards», urteilte Wolfgang Thierse damals; im Osten beobachtete er dagegen «ein verbreitetes Gefühl der Überforderung ... Angst vor einer offenen Zukunft ... existentielle Verunsicherung». Den im Osten bitter als «Besser-Wessis» bezeichneten Überfliegern mit ihrem «moralischen Alleinvertretungsanspruch» (Robert Leicht) standen in den neuen Bundesländern immer mehr «Jammer-Ossis» gegenüber, die nicht müde wurden zu betonen, früher, zu Zeiten Honeckers, sei vieles besser gewesen. Statt aufeinander zuzugehen und sich – nach einem Wort von Christa Wolf – gegenseitig ihre Biographien zu erzählen, drohte die seelische Kluft zwischen Ostdeutschen und Westdeutschen wieder tiefer zu werden. Weil die Ostdeutschen, wenn sie im vereinigten Deutschland wirtschaftlich vorankommen wollten, sehr viel mehr von den Westdeutschen zu lernen hatten als umgekehrt, waren sie in der schwierigeren Ausgangsposition. Durch die geringste Unachtsamkeit konnte ein Westdeutscher manchen von ihnen schnell in seiner Selbstachtung und seinem Stolz verletzen. In die Freude über das Glück, das den Deutschen mit der Wiedervereinigung zuteil geworden war, mischten sich schon bald gewichtige Sorgen.

Einer der kapitalen Fehler der Regierung Kohl lag in der Vorstellung, man könne die deutsche Einheit mit der linken Hand, gewissermaßen aus der Portokasse finanzieren. Während im Osten die Mehrheit hoffte, mit der Einführung der D-Mark würden über Nacht Milch und Honig fließen, erlagen viele im Westen dem von der Bonner Regierung propagierten Irrtum, das Projekt deutsche Einheit würde ohne große Opfer über die Bühne gehen. Ich erinnere lebhaft die Ratschläge, welche die Bonner Regierung durch Gerd Bucerius, Tyll Necker, Marion Gräfin Dönhoff, Karl Schiller und viele andere erhielt; ich selbst war keineswegs der einzige, der damals warnte und aus Sorge vor einer unkontrollierten öffentlichen Kreditaufnahme westdeutsche Steuererhöhungen verlangte.

Eine politische Führung, die der Nation – weil doch Wahlen bevorstehen – nur das sagt, was das Volk gern hören möchte (oder was sie glaubt, daß das Volk es gern hört) –, eine solche Regierung verdrängt Wahrheit und Wirklichkeit und provoziert spätere Enttäuschungen. Zur Wahrhaftigkeit hätte gehört, den Ostdeutschen die unvermeidlich bevorstehende Arbeitslosigkeit vorherzusagen und zu erklären. Angesichts der zu erwartenden wirklichen Lage war es notwendig, große Investitionsprogramme im Osten und deren Finanzierung durch den Westen zu planen und sie alsbald einzuleiten. Obwohl inzwischen privater Bürger und ohne jedwedes Amt, habe ich im Frühjahr 1990 in einer großen Versammlung unter offenem Himmel in Rostock die Wahrheit vorgetragen, nämlich die zu erwartende Arbeitslosigkeit und die zu erwartende lange Zeitspanne bis zum wirtschaftlichen Aufschwung; zugleich habe ich versucht, den ostdeutschen Mitbürgern Mut zu machen. Ich erinnere mich auch an eine der ersten Redaktionssitzungen in der ZEIT nach dem Mauerfall. Der Bundeskanzler muß jetzt eine Schweiß- und Tränenrede halten, sagte ich zu meinen Kollegen, überzeugt davon, daß die Stunde günstig war für einen Appell an die Solidarität der Westdeutschen, an ihre Bereitschaft zu Einsatz und Opfer. Jahrelang hatte das Wort von den Brüdern und Schwestern im anderen Teil Deutschlands zu den gängigen Formeln der Bonner Politik gehört, jetzt konnte und mußte es seine Berechtigung erweisen. In jenen Tagen und Wochen wären die Westdeutschen durchaus opferbereit gewesen. Ich war tief enttäuscht, daß ein solcher Appell damals unterblieb und auch später nicht erfolgte.

Die Prioritäten waren andere. Zum einen wollte niemand dazu beitragen, daß die DDR durch Abwanderung ausblutete. Viele der damaligen Entscheidungen der Bundesregierung, die sich später und langfristig als Hemmnisse erwiesen, sind nur zu verstehen, wenn man den Wanderungsdruck berücksichtigt, der bis heute anhält; in den Monaten der Wende war der Mangel an Wohnraum im Westen eine der Hauptsorgen der Bundesregierung. Deshalb kam es zu der Eile der Währungsumstellung und zu dem dilettantischen Fehler, die Löhne und Preise im Verhältnis 1:1 auf D-Mark umzustellen; deshalb kam es zu der unhaltbaren Versprechung, binnen vier Jahren wirtschaftlich «blühende Landschaften» und «Westlöhne» zu erreichen.

Gleichzeitig drängten auch außenpolitische Motive zur Eile. Als unsere westlichen Nachbarn und Verbündeten im Herbst 1989 erkannten, daß aus der jahrelang von ihnen mitge-

tragenen Forderung nach Selbstbestimmung für alle Deutschen –
entgegen den bisherigen Erwartungen – schon bald Wirklichkeit
werden könnte, waren sie verständlicherweise beunruhigt. Denn
man mußte jetzt erwarten, daß die vereinigten Deutschen innerhalb Europas den bevölkerungsreichsten Nationalstaat bilden
würden, und sie würden die bei weitem größte Volkswirtschaft
entwickeln. Die tief in den jeweils eigenen geschichtlichen Erfahrungen begründeten Ängste vor einem allzu mächtigen Deutschland führten dazu, daß vor allem der französische Staatspräsi-
dent Mitterrand und die englische Premierministerin Thatcher
sich der Vereinigung der beiden deutschen Nachkriegsstaaten wi-
dersetzten. Dazu kamen Bonner Ungeschicklichkeiten, vor allem
im Verhältnis zu Paris; das deutsch-französische Verhältnis war
seit langem niemals so kühl gewesen wie im Herbst 1989 und im
Frühjahr 1990. Auch hat man es bis zur letzten Minute hinausge-
schoben, die seit einem halben Jahrhundert bestehende deutsch-
polnische Grenze als endgültig anzuerkennen. Die am Ende
unbegründete Sorge vor innenpolitischen nationalistischen Reaktionen mußte erst überwunden werden, bevor die Zustimmung
der vier Siegermächte des Zweiten Weltkrieges zur Vereinigung
und das Einverständnis Polens zu erreichen waren.

Helmut Kohl hat ein bleibendes, geschichtsträchtiges Verdienst
am Zustandekommen der deutschen Einheit. Sie wäre jedoch ohne den voraufgehenden «Zwei-plus-Vier-Vertrag» («Vertrag über
die abschließende Regelung in bezug auf Deutschland») nicht
möglich gewesen, zu welchem Präsident George Bush sen. nicht
nur die von Michail Gorbatschow geführte Sowjetunion, sondern
auch Frankreich und England gewinnen konnte. Der Vertrag bedeutete eine Umkehr des Versailler Friedensvertrages von 1919.
Damals hatten die Siegermächte zunächst unter sich den Vertrag
ausgehandelt, um sodann die Deutschen zur Unterschrift zu nötigen; dieses Mal konnten die Deutschen die Vereinigung zunächst

unter sich aushandeln, die vier Siegermächte behielten sich die Zustimmung vor. Mitterrand gab sein Einverständnis schließlich um den Preis einer gemeinsamen europäischen Währung; sie war seit Jahren fachlich und politisch vorbereitet und wurde schließlich 1992 in Maastricht beschlossen. Kohl war so klug, den Anschein zuzulassen, den man in Frankreich geflissentlich verbreitete, als ob er bereit sei, die D-Mark zu «opfern».

Abschließend kann man sagen, daß die weltpolitische Gesamtkonstellation, die den Zwei-plus-Vier-Vertrag ermöglichte, nicht als dauerhaft angesehen werden konnte. Sie drängte die beiden deutschen Regierungen 1990 zur Eile. Einige der ökonomischen Fehler der Vereinigung sind nur mit diesem Zeitdruck zu erklären.

Das große Ausmaß unserer heutigen Sorgen beruht in meinen Augen vor allem auf vier Fehlentscheidungen, nämlich:

1. Die Währungsumstellung der Löhne und Preise im Verhältnis 1:1. Dies bedeutete *de facto* eine Aufwertung der ostdeutschen Mark auf etwa das Dreifache. Eine derartig exorbitante Aufwertung der eigenen Währung kann keine Industrie der Welt aushalten; sie muß zu schwersten Einbußen des Umsatzes, der Erträge und der Beschäftigung führen. Schon im Sommer 1990 konnte man am Beispiel des Trabi erkennen, was passieren würde. Der fabrikneue Trabi war in D-Mark plötzlich sehr viel teurer als jeder qualitativ hoch überlegene gebrauchte Volkswagen, Opel oder Ford; infolgedessen mußte schon im Herbst die Trabi-Produktion eingestellt werden.

Die Bundesbank und viele andere haben vor dem illusionistischen Umtauschverhältnis deutlich gewarnt. Kohl wollte aber die ersten gesamtdeutschen Wahlen im Frühjahr 1991 gewinnen und ignorierte alle Einwände.

2. Das Vermögensgesetz, das dem Grundsatz folgte: Rückgabe vor Entschädigung. Die dadurch hervorgerufene Verunsicherung weiter Bevölkerungskreise in den neuen Bundesländern hätte man sich ebenso ersparen können wie die in vielen Fällen über Jahre sich hinziehende Rechtsunsicherheit bei Grund und Boden. Die Rechtsunsicherheit hat den ökonomischen Aufholprozeß unnötig behindert. Das Vermögensgesetz hat in Kombination mit der Arbeit der Treuhandanstalt psychologisch verheerende Auswirkungen gehabt; denn es hat bei vielen Ostdeutschen den Eindruck erzeugt, sie würden vom Westen «plattgemacht».

3. Der falsche Auftrag an die Treuhandanstalt. Diese Mammutbehörde, die *de facto* eine Nebenregierung darstellte, war von vornherein überfordert – trotz des tapferen Detlev Karsten Rohwedder und seiner Nachfolgerin Birgit Breuel. Weil im Osten niemand über Kapital verfügte, um einen der zum Verkauf gestellten bisher «volkseigenen» Betriebe kaufen zu können, lief die Privatisierung auf einen Ausverkauf an westdeutsche Erwerber hinaus. Ob die Treuhandanstalt versuchte, Produktionen aufrechtzuerhalten, für die es im eigenen Land keine Abnehmer mehr gab, oder den Export oder die Löhne zu subventionieren, in allen Fällen war es ein Irrtum zu glauben, eine staatliche Behörde könne ein Unternehmen leichter sanieren als ein erfahrener Unternehmensmanager. Statt des in Bonn erwarteten Überschusses hat die Treuhandanstalt schließlich mehrere hundert Milliarden an Schulden hinterlassen.

4. Die Frage der Finanzierung der ökonomischen und sozialpolitischen Einheit blieb zunächst offen. Etwas später schob man den Solidaritätszuschlag zur Einkommens- und Lohnsteuer nach; weil aber der «Soli» nicht entfernt ausreichen konnte, griff man in erster Linie zu Staatskrediten, was die schnell steigende Verschuldung des Bundeshaushalts zur Folge hatte.

215

Seit der Mitte der neunziger Jahre hat man schrittweise ein weitverzweigtes System von finanziellen Transfers von West nach Ost entwickelt. Es umfaßt alle Zweige der Sozialversicherung, den «horizontalen» Finanzausgleich zwischen den 16 Bundesländern und den «vertikalen» Finanzausgleich zwischen Bund und Ländern (in zwei sogenannten Solidarpakten festgeschrieben) sowie «Sonderzuweisungen» und vielerlei Investitions- und Subventionsprogramme des Bundes.

Zur Zeit liegt der finanzwirtschaftliche Gesamttransfer Richtung Osten netto (d. h. unter Abzug der Steuereinnahmen des Bundes in Ostdeutschland) bei jährlich rund 80 Milliarden Euro. Das sind rund 4 Prozent des deutschen Sozialproduktes, ein gewaltiges Volumen! Die deutschen Transfers fließen weit überwiegend in den privaten Verbrauch in den sechs östlichen Bundesländern. Hier liegt der entscheidende Grund dafür, daß das Wachstum der deutschen Wirtschaft weit hinter den anderen Staaten Westeuropas zurückbleibt.

Obwohl vieles von dem, was ich zu Beginn der neunziger Jahren zu den Problemen der deutschen Einheit öffentlich gesagt und geschrieben habe, ein gutes Stück zuversichtlicher formuliert war, als ich tatsächlich dachte, habe ich mich doch zu keinem Zeitpunkt von Optimismus hinwegreißen lassen. Im Februar 1992 forderte ich in der ZEIT einen «Pakt für die Einheit». Weil die Vereinigung teurer, langwieriger und schmerzhafter werden würde als gedacht, plädierte ich für eine neue «konzertierte Aktion». Am 3. Oktober 1992 sagte ich in Frankfurt/Main: «Erst in der zweiten Hälfte der neunziger Jahre dürfen wir darauf hoffen, daß unsere Landsleute in den östlichen Bundesländern aus *eigener* wirtschaftlicher Leistung im Durchschnitt etwa die Hälfte des im Westen pro Kopf erzielten Sozialproduktes erreichen. Darüber hinaus ist eine Angleichung der eigenen Wirtschaftskraft im Osten oder auch nur eine Steigerung auf 75 Prozent des westlichen Pro-Kopf-Sozialproduktes erst deutlich *nach* dem Jahre 2000 zu erwarten. Deshalb bleiben westdeutsche Transfers nach Ostdeutschland auf lange Jahre unerläßlich. Jedermann muß wissen: Wir müssen bis weit in das nächste Jahrzehnt warten, ehe in Chemnitz die gleiche Produktivität erreicht ist wie in Stuttgart.» Im Herbst 1993 war ich gezwungen, den Zeitpunkt, an dem Ost und West dieselbe Produktivität erreichen würden, noch einmal um zehn Jahre hinaus in das zweite Jahrzehnt des 21. Jahrhunderts zu verschieben.

Nach der Bundestagswahl 1994 war im Westen eine allgemeine Ermüdung zu verzeichnen, sobald die Probleme der sechs neuen Länder zur Sprache gebracht wurden. Der Osten seinerseits emanzipierte sich von den finanzpolitischen Sorgen, so als ob ihn die finanziellen Probleme im Grunde nichts angingen, die der Westen infolge der Wiedervereinigung zu bewältigen hatte. Als Mitte der neunziger Jahre der Aufholprozeß der neuen Bundesländer zu Ende ging, erwies sich das wirtschaftliche Zurückbleiben des Ostens aber immer deutlicher als schwerer finanzwirtschaftlicher Hemmschuh für die gesamte Volkswirtschaft und besonders für unsere sozialstaatlichen Leistungen. Als Gerhard Schröder im Herbst 1998 die Regierung übernahm, fand er im Jahresdurchschnitt im Osten über 19 Prozent Arbeitslose vor; im Jahre 2002, seiner abermaligen Wahl, waren es immer noch genauso viele. Bis heute hat sich diese Größenordnung gehalten. Nach wie vor ist die Arbeitslosigkeit im Osten mehr als doppelt so hoch wie im Westen.

Gleichwohl steht der ostdeutsche Aufholprozeß schon seit langem nicht mehr auf der Agenda unserer Spitzenpolitiker. Die politische Klasse insgesamt scheint diesem unausweichlich notwendigen Thema kaum noch etwas abzugewinnen. Diejenigen, die noch immer den größten Sachverstand mitbringen und sich kümmern, sind die gleichen, die vor fünfzehn Jahren Pionierarbeit leisteten und sich gleich in der ersten Stunde zur Verfügung stellten. Zu nennen sind hier an erster Stelle Kurt Biedenkopf, Lothar Späth, Klaus von Dohnanyi, Edgar Most, Hans Apel, Richard Schröder und die Deutsche Nationalstiftung.

Angesichts der insgesamt unbefriedigenden Zwischenbilanz dürfen die positiven Aspekte der Lage nicht unerwähnt bleiben. Tatsächlich sind die östlichen Bundesländer auf dem Wege zu einer wettbewerbsfähigen Wirtschaft ein gutes Stück vorangekommen. Es gibt durchaus einige Hoffnungsschimmer, vor allem in jenen Wirtschaftszweigen, die über ein großes Innovationspotential verfügen. Dazu gehören Medizintechnik, Datenverarbeitung, Büromaschinen, Teile der Chemiebranche, die Automobilindustrie und der Maschinenbau sowie Spitzentechnologien im Bereich von Mikro- und Optotechnik – bis hin zum Tourismus und zur Gastronomie. Insgesamt ist aber die ostdeutsche Industrie als ein wachsender Sektor zu klein, um die wirtschaftliche Gesamtentwicklung der neuen Länder voranzutreiben; die einigungsbedingte Deindustrialisierung hat den industriellen Anteil an der ostdeutschen Gesamtwirtschaft allzusehr reduziert. Die Entfaltung eines gewerblichen Mittelstandes hängt weit hinter Westdeutschland zurück.

Heute kann von einem Aufholprozeß des Ostens keine Rede mehr sein. Die Wertschöpfung im Osten liegt bei weniger als zwei Dritteln; ohne die Finanztransfers aus dem Westen läge sie nur bei der Hälfte. Zwar haben viele im Osten inzwischen ein eigenes Auto, und fast alle haben heute ein Telefon. Aber viele der Jüngeren, die zu Hause keine Arbeit finden konnten, sind in den Westen abgewandert. Die Zurückgebliebenen leiden seelisch unter der anscheinend ausweglosen Arbeitslosigkeit. Immer noch hat die große Mehrheit der Deutschen nicht verstanden, daß die Zukunftsfähigkeit unseres Landes entscheidend davon abhängen wird, ob es und wie schnell es uns gelingt, im Osten des Vaterlandes annähernd gleiche ökonomische Bedingungen herzustellen wie im Westen.

Was also ist zu tun? Wir brauchen für die Wirtschaft im Osten eine besondere, allein den Osten begünstigende wirtschaftspolitische Anstrengung. Dafür liegen mindestens drei wichtige Vorschläge auf dem Tisch, die der gleichzeitigen Verwirklichung bedürfen.

Erstens: Der Osten hat die Beseitigung einer Vielzahl von behindernden Paragraphen, Genehmigungserfordernissen und Genehmigungsinstanzen nötig. Die ostdeutschen Landtage brauchen Spielraum für Deregulierung, damit sich ein gewerblicher Mittelstand entwickeln kann. Dafür müssen im Grundgesetz und durch Bundesgesetz die sechs ostdeutschen Landtage ermächtigt werden, durch Landesgesetzgebung vom bisher geltenden Bundesrecht abzuweichen – so im Bau- und Planungsrecht, im Arbeitsrecht, im Wirtschaftsrecht und so weiter; detaillierte Vorarbeiten liegen der Bundesregierung und den 16 Ministerpräsidenten seit Jahr und Tag vor.

Zweitens: Jede Wertschöpfung im Osten braucht eine deutlich spürbare Mehrwertsteuer-Präferenz, zum Beispiel bis zum Jahre 2020 nur den halben Steuersatz! Vor einem Dutzend Jahren haben Karl Schiller und Tyll Necker diesen Vorschlag gemacht. Er ist immer noch vernünftig, denn er ist zweckmäßig und einfach.

Drittens: Der Vorschlag, alle bisherige Wirtschaftsförderung im Osten künftig stark auf regionale Schwerpunkte zu konzentrieren – auf sogenannte «Wachstumskerne» –, liegt seit einem Jahr auf dem Tisch. Er ist Teil eines ganzen Pakets, das der «Kurskorrektur des Aufbaus Ost» dienen soll. Die Urheber, an ihrer Spitze Klaus von Dohnanyi und Edgar Most, sind in der Praxis erfahrene Fachleute.

Sowohl die bisherige Regierungskoalition als auch die bisherige Opposition, die ganze politische Klasse sollte diese drei Ratschläge aufgreifen und verwirklichen. Denn sonst bleibt der ganze Osten auf lange Zeit eine Krisenregion. Wenn wir jedoch in der gleichen Weise fortfahren wie bisher, dann wäre es schon ein Erfolg, den heutigen Unterschied der Arbeitslosigkeit zwischen West- und Ostdeutschland wenigstens nicht weiter wachsen zu lassen. Die gesamtdeutsche finanzpolitische Kalamität aber würde nicht behoben – und Deutschland bliebe weit hinter seiner ökonomischen Leistungsfähigkeit zurück. Videant consules!

Quellennachweise

Was jetzt in Deutschland geschehen muß
DIE ZEIT, 15. Dezember 1989

Solidarität ist unteilbar
Rede auf dem Marktplatz in Rostock, 12. Februar 1990

Schritt um Schritt zur Einheit
DIE ZEIT, 23. März 1990

Das große Glück der Freiheit
DIE ZEIT, 17. August 1990

Deutschlands große Chance
DIE ZEIT, 5. Oktober 1990

Ein Acht-Punkte-Programm
DIE ZEIT, 17. Mai 1991
(unter dem Titel «Uns Deutsche kann der Teufel holen»)

Zum ersten Jahrestag der Wiedervereinigung
DIE ZEIT, 3. Oktober 1991 (unter dem Titel «Zur Lage der Nation»)

Ein Pakt für die Einheit
DIE ZEIT, 14. Februar 1992

Die sieben Kardinalfehler der Wiedervereinigung
Aus: Helmut Schmidt: Handeln für Deutschland. Wege aus der Krise, Rowohlt Berlin Verlag, Berlin 1993, Seite 15–35

Zur Lage der Nation
Aus: Kurt Biedenkopf, Helmut Schmidt, Richard von Weizsäcker: Zur Lage der Nation, Rowohlt Verlag, Reinbek 1994, Seite 71–88

Der Osten bricht weg
DIE ZEIT, 12. März 1998

Ein Paukenschlag für den Osten
DIE ZEIT, 4. Oktober 2001

Weil Deutschland sich ändern muß
DIE ZEIT, 22. Mai 2003; unter dem Titel «Deutschland kann es besser» am 24. Mai 2003 auch im Berliner «Tagesspiegel»

Die meisten Fehler der Wiedervereinigung sind nicht korrigierbar
Interview mit der «Berliner Zeitung», 31. Januar 2004
(die Fragen stellten Hendrik Munsberg und Klaus Wirtgen)

Den Aufholprozeß des Ostens wieder in Gang bringen
Rede in Erfurt, 10. Mai 2004 («Erfurter Dialoge»)

Was der Osten wirklich braucht
DIE ZEIT, 26. August 2004